W0191761

Heinrich von Kleist

Michael Kohlhaas

von Thomas Gräff

Klett Lerntraining

Thomas Gräff, Gymnasiallehrer für die Fächer Deutsch und Musik in Saarbrücken und Lehrbeauftragter für Literaturdidaktik an der Universität des Saarlandes.

Alle Seitenangaben zum Text beziehen sich auf die Ausgabe: Heinrich von Kleist, Michael Kohlhaas. Aus einer alten Chronik, mit Materialien, ausgewählt von Rainer Siegle, Stuttgart/Leipzig: Ernst Klett Schulbuchverlag, 2006.

Bibliografische Information der Deutschen Bibliothek
Die Deutsche Bibliothek verzeichnet diese Publikation in der Deutschen Nationalbibliografie; detaillierte bibliografische Daten sind im Internet über http://dnb.ddb.de abrufbar

Auflage   11. 10. 9. 8. | 2014   2013 2012 2011
Die letzten Zahlen bezeichnen jeweils die Auflage und das Jahr des Druckes.

© Klett Lerntraining GmbH, Stuttgart 2009
1. Auflage 2006
Internetadresse: http://www.klett.de/lernhilfen
Umschlagfoto: Bildarchiv Preußischer Kulturbesitz, Berlin
Druck: Beltz Druckpartner GmbH & Co. KG, Hemsbach
Satz: DTP Andrea Eckhardt, Göppingen
Printed in Germany
ISBN 978-3-12-923024-4

Inhalt

Vorbemerkung
zu Kleists Novelle

Wie nur wenige literarische Figuren ist Michael Kohlhaas zum geflügelten Wort der Alltagssprache geworden; wie Faust für den ewig nach Erkenntnis strebenden Menschen, Don Giovanni für den ewigen Verführer und Don Quijote für den Streiter in nutz- und aussichtslosen Kämpfen steht, repräsentiert Michael Kohlhaas den Prototyp des Bürgers im Kampf ums Recht. Als solcher hat er nie an Aktualität verloren. Aufgrund der überzeitlichen und überkulturellen Aktualität einiger literarischer Stoffe und Motive war Sigmund Freud zu der Überzeugung gelangt, dass ihre bildliche Repräsentation grundlegender Wunsch- und Konfliktkonstellationen der menschlichen Psyche das immerwährende Interesse an ihnen bedingen muss. Die andauernde Aktualität der 1808 erstmals veröffentlichten Novelle „Michael Kohlhaas" lässt vermuten, dass auch Kohlhaas einen solchen Archetypus des menschlichen Unterbewusstseins darstellt.

In der Tat hat das Thema der Auflehnung des Individuums gegen Willkür und Übergriffe des Staates auch in jüngerer Zeit erneut Bearbeitungen erfahren. Zwei Beispiele seien genannt: In dem amerikanischen Roman „Ragtime" von E. L. Doctorow übernimmt der schwarze Jazz-Musiker Coalhouse im New York der 1920er-Jahre Kohlhaas' Rolle. Auch Heinrich Böll zeichnet in seinem Roman „Die verlorene Ehre der Katharina Blum" das Bild eines Individuums, das gezwungen ist, sich gegen den Druck der Gesellschaft zur Wehr zu setzen.

Heute sind die in Kleists Novelle enthaltenen Probleme nicht minder aktuell als zur Entstehungszeit des Werks. 1805 wurden die Konflikte zwischen den fortschrittlichen Positionen der nachrevolutionären Epoche mit den restaurativen Wertsystemen in der geistigen Auseinandersetzung genauso ausgetragen wie in der kriegerischen. Gesellschaftliche Spannungen mit umstürzlerischem Potential rufen stets die Frage nach dem

Verhältnis von Individuum und Gesellschaft, von Recht, Gewalt und Widerstand, ja, nach der Legitimation alles Bestehenden und allen Handelns hervor. Die Napoleonischen Kriege taten dies ebenso, wie heute die Menschen- und Bürgerrechtsbewegungen, Bürgerinitiativen für das Allgemeinwohl, Umweltschutzorganisationen sowie die Proteste gegen Krieg und militärische Machtdemonstrationen dies tun.

Die Einsicht in die andauernde Aktualität von „Michael Kohlhaas" bedingt die Überwindung der nicht unbeträchtlichen historischen Distanz. Kleists Sprache kann hierbei eine schwierige Hürde darstellen. Auch zur Entstehungszeit der Novelle war diese Sprache keineswegs gewöhnlich. Sie bedarf der Gewöhnung ebenso wie des konzentrierten Lesens. Doch wer sich auf diese komplexe und herbe Sprache einlässt, erfährt eines der lohnendsten und schönsten Stücke Sprache in der deutschen Literatur.

Der inhaltliche Aufbau

Gliederung

Kleist gliedert den Text seiner Novelle „Michael Kohlhaas" nicht in Kapitel. Die Absätze und durch Gedankenstriche gekennzeichneten Einschnitte bilden nur schwache Zäsuren und hemmen kaum das drängende Fortschreiten der Handlung ohne ausgesprochene Ruhepunkte.

Zur besseren Überschaubarkeit der Handlung empfiehlt sich aber eine Gliederung, zu der verschiedene Kriterien Grundlage sein können. Das Verhalten Kohlhaas' in verschiedenen Phasen mit dazwischenliegenden Wendepunkten stellt ein durchaus sinnvolles Kriterium dar. Demnach ergeben sich grob vier Handlungsblöcke:

1. **Abschnitt (3–26):**
   Kohlhaas als „Muster eines guten Staatsbürgers"
   – Das Unrecht durch den Junker
   – Das Unrecht durch die Gerichte

2. **Abschnitt (26–47):**
   Kohlhaas als ‚Outlaw'
   – Kohlhaasens Rachefeldzug
   – Das Eingreifen Luthers

3. **Abschnitt (47–71):**
   Kohlhaas in Dresden
   – Hoffnung auf einen guten Ausgang
   – Die Abdeckerszene
   – Bruch der Amnestie
   – Todesurteil

4. **Abschnitt (71–88):**
   Kohlhaas in Berlin
   – Das Eingreifen des Kurfürsten von Brandenburg
   – Amulett und Zigeunerin
   – Bemühungen des Kurfürsten von Sachsen um den Zettel
   – Die Hinrichtung

Handlungsverlauf

1. Abschnitt (3 – 26): Kohlhaas als „Muster eines guten Staatsbürgers"

Das Unrecht durch den Junker

Handlungs-
rahmen

In einer kurzen Einleitung ergreift der Erzähler das Wort, indem er mit der Angabe von Ort und Zeit des Geschehens den Untertitel der Novelle verdeutlicht. Der Erzähler gibt einen Stoff „Aus einer alten Chronik" in der Manier eines Volksbuches (Nacherzählungen vorgefundener Stoffe aus Dichtung, Geschichte, Mythologie, Legende und Überlieferung in ansprechender Form) wieder. Mit dieser Einleitung wird ein äußerst schwach ausgeprägter Rahmen markiert, der trotzdem im späteren Text hin und wieder

Die Titelfigur
Michael Kohlhaas

durchscheint. Dieser Rahmen nennt Michael Kohlhaas als Hauptperson und deutet mit deren paradoxen Charakterisierung bereits das Thema der Novelle an. Die Paradoxie eines ‚rechtschaffenen und zugleich entsetzlichen Menschen' erregt zwangsläufig die Aufmerksamkeit des Lesers. Kohlhaasens Attribut der Rechtschaffenheit wird durch die Nennung positiver Charaktereigenschaften verdeutlicht: Arbeitsamkeit, Gottesfurcht, Treue, Wohltätigkeit und Gerechtigkeit als Ideale und Eigenschaften weisen Kohlhaas als „Muster eines guten Staatsbürgers" (3) aus. Die Einschränkung dieser positiven Darstellung erfolgt wieder in einem Paradoxon: „die Welt würde sein Andenken haben segnen müssen, wenn er in einer Tugend nicht ausgeschweift hätte. Das Rechtsgefühl aber machte ihn zum Räuber und Mörder" (ebd.). ‚Tugend' und ‚Ausschweifung' scheinen in ihrer Wortbedeutung nicht zueinander zu passen. Zwar wird dieses Paradoxon im abschließenden Satz – mit dem „Rechtsgefühl" für die Tugend und dem „Räuber und Mörder" für die Ausschweifung – präzisiert, doch keineswegs aufgelöst. Die wenigen Zeilen des Rahmens haben bereits Spannung erzeugt und die Neugier des Lesers auf die Lösung des Rätsels geweckt.

Zu Beginn der eigentlichen Handlung lernt der Leser Kohlhaas bei der Ausübung seines Gewerbes als Rosshändler kennen; er befindet sich auf dem Weg zu verschiedenen Märkten, um dort seine Pferde, die der Erzähler als „wohlgenährt alle und glänzend" (ebd.) kennzeichnet, zu verkaufen. An einem neu errichteten Schlagbaum wird Kohlhaas Wegzoll abverlangt. Der Schlagbaum ruft in Kohlhaas die Erinnerung an den verstorbenen Herrn wach, in welchem er die vorbildliche Haltung eines Gebietsherrn gegenüber „Handel und Wandel" (4) verkörpert sieht, da dieser den Handel und damit die Händler geschützt und gefördert habe. Dass dem Junker Wenzel von Tronka das Privileg des Wegzolls verliehen ist, deutet bereits dessen gute Beziehungen zum sächsischen Hof an. Was in der Folge Kohlhaas an der Tronkenburg widerfährt, steht in krassem Gegensatz zu dem von Kohlhaas gelobten Verhalten des früheren Herrn. Auch das Wetter schafft widrige äußere Bedingungen für die Sache des Rosshändlers, Regen und Sturm verleiden den Aufenthalt im Freien.

Handelsreise

Aufenthalt am Zoll

Das Eingreifen des Schlossvogtes, als Kohlhaas bereits die Grenzformalitäten für erfüllt hält, macht Kohlhaas – und damit den Leser, der auf Kohlhaasens Perspektive festgelegt ist – von Anfang an stutzig. Zum einen steht dessen Forderung nach der Vorlage eines Passierscheins im Widerspruch zur langjährigen Praxis, zum anderen hat der Zöllner nicht einen solchen zu sehen verlangt. Kohlhaas beschließt, sich an den Junker persönlich zu wenden, den er in geselliger Runde antrifft. Kohlhaasens Pferde wecken das Interesse der versammelten Ritter und versprechen ihnen willkommene Abwechslung. Nachdem man die Pferde begutachtet, ihren Zustand gelobt, in den Verhandlungen ihren Preis als zu hoch befunden und der Junker trotz Kohlhaasens entgegenkommenden Angebots einen Kauf abgeschlagen hat, bestätigt sich die in Kohlhaas erwachte dunkle ‚Vorahndung', indem es der Schlossvogt unternimmt, die beiden Rappen ohne Bezahlung in die Wirtschaft der Burg zu übernehmen. Blickweise und flüsternd hatte er sich bereits zuvor mit dem Verwalter, dem an dem Erwerb der Rappen gelegen war, über diese verständigt. Nachdem nun der Junker den Kauf der Pferde verworfen hat, bringt der Vogt die aus den Augen verlorene Frage des Passierscheins wieder

Forderung nach Passierschein

ins Gespräch. Das ‚verlegne Gesicht' des Junkers deutet an, dass selbst diesem der Passierschein eine unbekannte Einrichtung zu sein scheint. Als er trotzdem Kohlhaas unbehelligt ziehen lassen will, besteht der Vogt auf einem Pfand für den fehlenden Passierschein und schlägt die Rappen als solches vor. Da dem Junker wegen des zwischenzeitlich wieder einsetzenden Regens der Aufenthalt im Hof ungemütlich und die Verhandlung der Affäre offenbar lästig ist, weist er Kohlhaasens daraufhin vorgebrachten Einwand barsch zurück und bestätigt die Forderung des Vogts. Kohlhaas sieht ein, dass er kaum gegen die von ihm als unverschämt empfundene Forderung angehen kann, und lässt die beiden Rappen und einen Knecht zu ihrer Betreuung auf der Burg zurück. Seinen Argwohn gegenüber der vorgeblichen Bestimmung über den Passierschein, der nicht zuletzt vom Verlauf der Verhandlungen auf der Burg genährt wird, versucht er mit der Annahme, dass eine solche Bestimmung doch immerhin möglich sei, zu beruhigen.

In dieser Initiierung des Konfliktfalls hat sich der Junker als überaus schwache Person gezeigt. Einerseits lässt er sich in seinen Entscheidungen vom Schlossvogt ganz wesentlich beeinflussen und bestimmen, andererseits scheint er mehr dem Vergnügen zugetan zu sein und lässt sich auch vom Wetter zu missgelaunten Bestimmungen hinreißen. In der äußeren Erscheinung kontrastiert daher der als dürr und frierend beschriebene Junker mit dem Vogt und dessen „weitläufige[m] Leib" (4).

Auf Kohlhaasens Erkundigung bestätigen ihm die Behörden in Dresden, dass „die Geschichte von dem Passierschein ein Märchen sei" (7). Kohlhaas tätigt in Ruhe seinen Handel und hegt keine tiefere Verbitterung gegenüber dem Junker.

Doch macht er bei seiner Rückkehr zur Tronkenburg wieder schlechte Erfahrungen. Seine Pferde sind zwischenzeitlich zur Feldarbeit missbraucht worden und befinden sich in einem elenden Zustand, und der Knecht, den er zur Betreuung der Pferde zurückgelassen hatte, ist schändlich weggejagt worden. Noch empfindet Kohlhaas nichts als Ohnmacht und Ingrimm und ist bereit, mit den misshandelten Pferden wegzugehen. Doch wieder ist es der Schlossvogt, der durch seine Pro-

Rappen als Pfand

Der Junker

Zugrunde-
richtung der
Pferde

vokationen den Konflikt auf die Spitze treibt. Nicht nur begegnet er Kohlhaas herausfordernd und beleidigend, sondern stellt auch die Sache dem eben eintreffenden Junker „unter der gehässigsten Entstellung" (9) dar und verhöhnt Kohlhaas. Auch in dieser Szene bestätigt sich die schwache Position des Junkers. Eine „flüchtige Blässe" (ebd.), die ihm ins Gesicht tritt, legt den Verdacht nahe, dass er nicht der Drahtzieher der wahrscheinlich dunklen Machenschaften um Kohlhaas' Pferde ist. Trotzdem vermag er nicht anders in die Auseinandersetzung einzugreifen, als sich mit einem Kraftausdruck den Beleidigungen des Vogts anzuschließen und sich mit einem ungerechten und aus Überdruss getroffenen Spruch die Sache vom Hals zu schaffen. Zu Beginn der Szene war Kohlhaas noch zu Zugeständnissen bereit gewesen und im weiteren Verlauf hatte er die Selbstbeherrschung und Gerechtigkeit nicht aus den Augen verloren: „sein Rechtsgefühl, das einer Goldwaage glich, wankte noch; er war vor der Schranke seiner eigenen Brust noch nicht gewiss, ob eine Schuld seinen Gegner drücke" (8). Am Ende zeigt er doch eine harsche Reaktion, indem er ohne seine Pferde die Burg verlässt. Dabei hat sich im Verlauf der Szene gezeigt, dass es Kohlhaas nicht um die Pferde als materiellen Wert zu tun war; anfangs war er bereit gewesen, sie in schlechtem Zustand mitzunehmen, und im Verlauf der Debatte mit dem Vogt hätte er „den Wert der Pferde darum gegeben, wenn er den Knecht zur Hand gehabt und dessen Aussage mit der Aussage des dickmäuligen Burgvogts hätte vergleichen können" (10). Kohlhaas fühlt sich also nicht so sehr durch die Zugrunderichtung der Pferde in seinen Rechten angegriffen, sondern die Überheblichkeit, Willkür, Ungerechtigkeit und persönlichen Beleidigungen treffen ihn zutiefst.

Trotz ärgster Herausforderungen vermag Kohlhaas sein Gerechtigkeitsgefühl zu bewahren. Obwohl er sich nach den üblen Erfahrungen auf der Tronkenburg unmittelbar auf den Weg nach Dresden gemacht hat, um sich dort sein „Recht zu verschaffen" (10), bestimmen ihn die Bedenken, ob sich sein Knecht nicht doch eines Vergehens schuldig gemacht habe, doch zur sofortigen Um- und Heimkehr nach Kohlhaasenbrück, um sich dort durch die Vernehmung seines Knechts seines Verdachts

Beleidigung Kohlhaasens

Kohlhaas' Rechtsgefühl

Motiv Kohlhaasens

Zweifel an Herse

zu versichern. Dass er unterwegs allenthalben „von den Ungerechtigkeiten hörte, die täglich auf der Tronkenburg gegen die Reisenden verübt wurden" (ebd.), lässt in ihm das ethische Bewusstsein einer sozialen Verantwortung und höheren Mission erwachen, dass „er mit seinen Kräften der Welt in der Pflicht verfallen sei, sich Genugtuung für die erlittene Kränkung und Sicherheit für zukünftige seinen Mitbürgern zu verschaffen" (ebd.).

Nach seiner Ankunft in Kohlhaasenbrück erfährt er vom üblen körperlichen Zustand, in welchem sein Knecht dort von der Tronkenburg her angekommen war, der auf schlimme Misshandlungen schließen lässt. Kohlhaas lässt sich seinen Knecht, den er wegen seiner ‚Wahrhaftigkeit' schätzt, rufen, um ihn einem strengen Verhör zu unterziehen. Um wirklich den letzten Zweifel auszuräumen, der sich als Ungerechtigkeit gegenüber dem Junker erweisen könnte, inszeniert Kohlhaas ein Rollenspiel: Er übernimmt die Rolle des strengen Richters, der gewillt ist, den geringsten Zweifel zugunsten der Partei des Junkers zu werten, und teilt Herse die Rolle des Angeklagten zu. Durch genaues und zum Teil suggestives Hinterfragen der Aussagen des Knechts versucht Kohlhaas, diesen in die Enge zu treiben, und übernimmt selber eine Rolle, die ihn zeitweise zwingt, seine von den Aussagen des Knechts hervorgerufenen Gefühle zu unterdrücken und zu verbergen. Doch trotz aller Fallen, die seine Fragen dem Knecht stellen, nimmt Kohlhaas ein gutes und lobenswertes Verhalten Herses zur Kenntnis. Herse hat es auf der Burg vermocht, sich gegen die Provokationen zu behaupten und durch Zugeständnisse den Frieden so lang wie möglich zu wahren.

Kohlhaas muss zu seiner Verbitterung erfahren, dass wieder der Schlossvogt und der Verwalter sich hervorgetan haben, indem sie mit unverschämten Forderungen Herse provozierten. Nachdem Herse den Einsatz der Tiere bei der Feldarbeit bis zu einem gewissen Grad zugelassen, einer Anstiftung zum Betrug widerstanden und auch die Umquartierung der Pferde hingenommen hatte, warfen sie bei der erstbesten Gelegenheit dem Knecht den versuchten Diebstahl der Pferde vor, um ihn dann ohne weitere Verhandlungen mit Gewalt von der Burg zu vertreiben. Herse hat sich insgesamt als würdiger Vertreter für Kohlhaas erwiesen und mit seinem Hinweis auf die

Verhör Herses

Willkür und Gewalt auf der Tronkenburg

in der Burg zurückgelassenen Gegenstände und Wertsachen überzeugende Argumente für seine Glaubwürdigkeit geliefert. Kohlhaas kann somit die Rolle als gestrenger Richter aufgeben, Herse offen Glauben schenken und ihm Gerechtigkeit versprechen.

Zuverlässigkeit
Herses

Kohlhaasens Frau bestärkt ihren Mann in seinem Entschluss, „die öffentliche Gerechtigkeit für sich aufzufordern" (14), und in seinem Bewusstsein von einer höheren Sendung, „dass es ein Werk Gottes wäre, Unordnungen, gleich diesen, Einhalt zu tun" (15). Der Erzähler hält sich hier zwar weitgehend zurück, indem er durch die direkte Wiedergabe des Dialogs den Eindruck von Unmittelbarkeit und Authentizität erweckt, doch bleibt die Perspektive auf Kohlhaas gerichtet, da nur von ihm Gefühle („Herz emporquoll" [12], „erzwungene Schelmerei" [14]) mitgeteilt werden; Gedanken und Gefühle der anderen Personen teilen sich dem Leser nur in Gesten und Verhaltensweisen mit („auf dessen blassem Gesicht sich, […], eine Röte fleckig zeigte, schwieg eine Weile" [11]).

Rolle
des Erzählers

Das Unrecht durch die Gerichte

Gänzlich konform mit dem bisherigen Bild seines Charakters bemüht sich Kohlhaas, sein Recht auf dem Rechtsweg zu erlangen. Zwei Instanzen kommen hierbei für ihn in Frage; er kann beim Landesherrn des Junkers, dem Kurfürsten von Sachsen, Klage erheben, und er kann seinen eigenen Landesherrn, den Kurfürsten von Brandenburg, um seinen landesherrlichen Schutz angehen, d. h. dass dieser seine Rechte gegenüber dem anderen Landesherrn vertritt. Durch die Entwicklung der Sache ist Kohlhaas gezwungen, nach-einander beide Wege zu beschreiten.

Rechtsinstanzen

Zunächst begibt er sich nach Dresden, um seine Klage mit dreifachem Ziel zu erheben: „auf gesetzmäßige Bestrafung des Junkers, Wiederherstellung der Pferde in den vorherigen Stand und auf Ersatz des Schadens, den er sowohl als sein Knecht erlitten hatten" (15). Das gesunde Rechtsempfinden lässt für den Ausgang der Sache Gutes hoffen, und auch der Erzähler kommentiert den Fall optimistisch: „Die Rechtssache war in der Tat klar" (ebd.).

Klage in Dresden

Umso überraschender erscheint daher die gänzliche Niederschlagung der Klage nach übergroßer Verzögerung.

Niederschlagung
der Klage

Und erst auf genauere Erkundigung hin erfährt Kohlhaas, dass keineswegs rechtliche Gründe für diesen Ausgang ausschlaggebend waren, sondern dass lediglich beste persönliche Beziehungen des Junkers zum sächsischen Hof die „höhere Insinuation" (16) verursacht habe: Zwei nahe Verwandte des Junkers bekleiden höchste Staatsämter am sächsischen Hof. Kohlhaasens rechtmäßige Klage ist buchstäblich an Vetternwirtschaft gescheitert.

Vetternwirtschaft am Hofe

Dadurch dass Kohlhaas der landesherrliche Schutz von einem hohen brandenburgischen Beamten, mit dem Kohlhaas eine Bekanntschaft durch seine Geschäfte verbindet, angetragen wird, wird zum ersten Mal der Kontrast zwischen den Verhältnissen an den Höfen in Sachsen und in Brandenburg aufgegriffen, der später von größerer Bedeutung sein wird. Kohlhaas folgt der Empfehlung Geusaus und bittet den Kurfürsten von Brandenburg um seinen landesherrlichen Schutz in dieser Affäre.

Gegensatz zwischen Sachsen und Brandenburg

Das Zutrauen in die Person des Kurfürsten und das Versprechen der persönlichen Verwendung Geusaus für ihn lassen Kohlhaas „beruhigter über den Ausgang seiner Geschichte als je" (17) sein. Doch auch diese Zuversicht wird herb enttäuscht, als Kohlhaas erfährt, dass der mit der Prüfung des Falles beauftragte brandenburgische Kanzler Kallheim, statt sich unmittelbar an den Hof in Dresden zu wenden, beim Junker von Tronka Auskünfte einholt. Auf seine Rückfrage erfährt Kohlhaas, dass wieder verwandtschaftliche Beziehungen der Grund für dieses unübliche Verfahren sind. Diese Auskunft bringt Kohlhaas in niedergeschlagene Stimmung, und seine äußerst pessimistischen Erwartungen bestätigen sich. Die Resolution auf seine Bittschrift weist nicht nur seine Klage ab, sondern nennt als Begründung eine persönliche Beleidigung: „er sei, nach dem Bericht des Tribunals in Dresden, ein unnützer Querulant" (18). Die Erfahrung der Beleidigung und die Machtlosigkeit gegenüber einer solch korrupten und undurchdringlichen Staatsmaschinerie und Hofkamarilla sind wohl als Ursache für Kohlhaasens ‚schäumende Wut' (vgl. ebd.) zu vermuten, denn es zeigt sich wieder, dass es ihm nicht um die materiellen Werte geht: „er hätte gleichen Schmerz empfunden, wenn es ein paar Hunde gegolten hätte" (ebd.).

Eingabe an den Kurfürsten

Beziehungen des Junkers

Abweisung der Bittschrift

Beleidigung und Machtlosigkeit

Innere Wandlung Kohlhaasens

Das zweimalige Scheitern seines gerechten Anliegens an einer korrupten Obrigkeit verursacht in Kohlhaasens bis dahin als so vorbildlich geschildertem Charakter eine radikale Wandlung. Nach dem Erhalt der Resolution fürchtet er, dass „die Leute des Jungherren erscheinen und ihm [...] die Pferde, abgehungert und abgehärmt, wieder zustellen" (ebd.) könnten. Da ihm dieses wohl als der Gipfel der höhnenden Beleidigung, der „vielleicht sogar mit einer Entschuldigung" (ebd.) die Krone aufgesetzt würde, erscheinen müsste, sieht er diesem Ereignis „mit der widerwärtigsten Erwartung, die seine Brust jemals bewegt hatte," (ebd.) entgegen. Er hält sich mit seiner „von der Welt wohlerzogene[n] [d. h. von einem positiven Weltbild geprägten] Seele" (ebd.) gar nicht für fähig, auf diese Provokationen durch Hohn und Niedertracht angemessen zu reagieren. Die Nachricht von der Unverfrorenheit, mit der die Pferde weiterhin auf der Tronkenburg misshandelt werden, zerbricht endgültig Kohlhaasens Weltbild und verursacht damit die Wandlung in seinem Charakter, die sich in der Folge langsam und allmählich durch die aus ihr resultierenden Handlungen und Entschlüsse entlarvt. „Mitten durch den Schmerz, die Welt in einer so ungeheuerlichen Unordnung zu erblicken, zuckte die innerliche Zufriedenheit empor, seine eigene Brust nunmehr in Ordnung zu sehen." (21) An dieser Stelle kann der Leser nur vermuten, dass die Erfahrungen in Kohlhaas Rachegelüste geweckt haben, zu denen er sich durch den momentanen Stand der Dinge berechtigt glaubt. Die neu gefundene Zufriedenheit lässt ihn mit Ruhe und Umsicht die folgenden befremdlichen Handlungen planen und durchführen, deren Sinn und Zweck sich dem Leser erst später erschließt. An dieser Stelle verweigert der Erzähler dem Leser den Blick in Kohlhaasens Inneres.

Kohlhaas bietet seine gesamten Besitzungen seinem Nachbarn zum Kauf an. Mit diesem Schritt überrascht er den Nachbarn ebenso wie seine eigene Frau. Kohlhaas nennt auf die befremdete Rückfrage des Nachbarn ganz geheimnisvoll als Grund für sein Angebot: „seine Seele [...] sei auf große Dinge gestellt, von welchen er vielleicht bald hören werde" (19). Er hat auch bereits einen Kaufvertrag vorbereitet und akzeptiert ohne Zögern ein viel zu niedriges Gebot seines Nachbarn. So unterzeichnen beide den Vertrag, obwohl ihnen bewusst ist, dass Kohlhaas erhebliche Verluste in Kauf nimmt.

Verkauf des Hofes

Kohlhaasens Verluste

Erst als der Nachbar gegangen ist, fragt Kohlhaasens vollkommen verzweifelte Frau ihn nach den Gründen für sein seltsames Verhalten. In seiner Antwort zeigt er sich teilweise noch als der Alte. Er kann sich die erhaltene kurfürstliche Resolution nur als ein Missverständnis erklären und möchte sich noch einmal an den Landesherrn persönlich wenden, da er auf dessen Gerechtigkeit vertraut. Für den Fall, dass seine Bittschrift erfolgreich ist, hat er sich im Kaufvertrag über seine Besitzungen das Rücktrittsrecht ausbedungen. Doch falls er keinen Erfolg haben sollte, und hierin zeigt sich der Zweifel an dem ehemals positiven Weltbild, möchte er das Land verlassen: „Weil ich in einem Lande, liebste Lisbeth, in welchem man mich in meinen Rechten nicht schützen will, nicht bleiben mag." (21)

Erneute Bittschrift

Lisbeth ahnt, dass er es nicht beim Verlassen des Landes bewenden lassen will, da er sie und die Kinder für die nächste Zeit außer Landes schicken will, damit er „durch keine Rücksichten gestört werde" (22), und da er einige Pferde und Waffen vom Kaufvertrag ausgenommen wissen will. Lisbeth wagt zwar nicht, gegen sein Vorhaben, sich mit Waffengewalt Recht zu verschaffen, Einspruch zu erheben, doch möchte sie alles in ihren Kräften Stehende tun, es gar nicht so weit kommen zu lassen. So schlägt sie vor, anstatt seiner nach Berlin zu gehen und ihre persönliche Bekanntschaft mit dem Kastellan des Schlosses aus früherer Zeit auszunutzen, um zum Kurfürsten vorzudringen und ihm die Bittschrift persönlich zu überreichen. Kohlhaas willigt ein.

Lisbeths Ahnungen

Lisbeth als Botin

Der Erzähler nimmt dem Leser die Möglichkeit, sich der Hoffnung der beiden auf ein positives Ende anzuschließen. Er bezeichnet diesen Schritt als „allerunglücklichste[n]" (23) und deutet somit das kommende Unglück voraus. Lisbeth kann in der Tat ihr Vorhaben nicht ausführen, sondern wird bei ihrem Versuch, sich dem Kurfürsten zu nähern, durch unglückliche Umstände schwer verletzt. Sie kann noch nach Hause gebracht werden, wo sie aber nach wenigen Tagen stirbt. Noch kurz vor ihrem Tod versucht sie, ihren Mann von seinen, wie sie fürchten muss, schrecklichen Plänen abzubringen; sie weist mit letzter Kraft auf die Bibelstelle: „Vergib deinen Feinden; tue wohl auch denen, die dich hassen." (24) Zwar kann der Leser die Bedeutung von Kohlhaasens Gedanken

Lisbeths Tod

hierauf noch nicht vollkommen erfassen, doch wird deutlich, wenn Kohlhaas denkt: „So möge mir Gott nie vergeben, wie ich dem Junker vergebe!" (ebd.), dass er keineswegs gewillt ist, sich dem letzten Willen seiner Frau zu unterwerfen. An dieser Stelle wird nur erkennbar, dass Kohlhaas versöhnliches Denken von sich weist und trotzdem auf Gottes Vergebung für sich und sein unversöhnliches Handeln hofft.

Kohlhaasens folgende Handlungen sind von einer zunehmenden Hybris (= Hochmut, Selbstüberhebung, Vermessenheit) gekennzeichnet. Er inszeniert für seine Frau ein Begräbnis, „das weniger für sie als für eine Fürstin angeordnet schien" (25). Im denkbar ungünstigsten Moment der Begräbnisfeierlichkeiten erreicht ihn die landesherrliche Resolution auf die Bittschrift, bei deren Überbringung Lisbeth ihre tödliche Verletzung erhalten hat. Diese Revolution gleicht der vorhergehenden exakt. Somit ist auch Kohlhaasens dritter Versuch, sich auf rechtmäßigem Wege Recht zu verschaffen, gescheitert.

Kohlhaasens
Hybris
Lisbeths
Begräbnis

2. Abschnitt (26 – 47):
Kohlhaas als ‚Outlaw'

Kohlhaasens Rachefeldzug

Über Kohlhaasens Motiv der folgenden Handlungen gibt der Erzähler vollkommene Aufklärung: „und übernahm sodann das Geschäft der Rache" (25). Quasi als letzte Warnung stellt er dem Junker in einem Rechtsschluss das Ultimatum, ihm binnen dreier Tage die Pferde nach Kohlhaasenbrück zu überliefern und dort persönlich wieder dickzufüttern. Darin zeigt sich das Ziel seiner Rache: Er will dem Junker durch persönliche Demütigung die erlittene Schmach heimzahlen. Da das Ultimatum nicht erfüllt wird, vollzieht Kohlhaas den Verkauf seines Hauses endgültig, bringt seine Kinder außer Landes in Sicherheit und bricht mit seinen Knechten bewaffnet zur Tronkenburg auf.

Motiv der Rache

Ultimatum

Mit Waffengewalt fällt Kohlhaas mit seiner Schar auf der Tronkenburg ein, und sie plündern, morden und brandschatzen in so radikaler Manier, dass der Erzähler den Vergleich zum Jüngsten Gericht zieht: „Der Engel des Gerichts fährt also vom Himmel herab" (26). Die Gesell-

Überfall auf
die Tronkenburg

schaft des Junkers sowie der Schlossvogt und der Verwalter, die eigentlich Schuldigen bei der Beschlagnahmung und Zugrunderichtung der Pferde, fallen ihrer Wut, insbesondere der Herses, zum Opfer. Obwohl Kohlhaas einen Knecht des Junkers zwingt, seine Rappen aus dem Feuer zu retten, beachtet er sie später nicht weiter und macht keine Anstalten, sie zu sich zu nehmen. Der Junker, das eigentliche Ziel der Racheaktion, hat zu fliehen vermocht, so dass Kohlhaas sich nach intensiver Suche eingestehen muss, „dass die Unternehmung auf die Burg fehlgeschlagen war" (27 f.).

Flucht des Junkers

Erstes Mandat

Kohlhaas erlässt ein Mandat an die Bevölkerung, worin er „bei Strafe Leibes und Lebens und unvermeidlicher Einäscherung alles dessen, was ein Besitztum heißen mag," (28) die sofortige Auslieferung des Junkers fordert. Er maßt sich in seiner Hybris die Rechte eines Fürsten an und führt auch die Sprache eines solchen. Mit einigen Knechten des Junkers, die wohl mehr „von der Aussicht auf Beute gereizt" (ebd.) sind als durch ihre Unzufriedenheit mit ihrem Herrn, vergrößert er seine Schar. Als der Erzähler Kohlhaas' Handlungen mit dem Engel des Jüngsten Gerichts in Verbindung brachte, hat er sie zwar als schrecklich beurteilt, aber dennoch im Kern mit Gerechtigkeit assoziiert. Nun am Ende der Passage distanziert er sich von Kohlhaasens Handlungen und verurteilt sie als ‚jämmerliche Geschäfte' (vgl. ebd.).

Verfolgung des Junkers

Hiermit beginnt Kohlhaas seine Suche und Verfolgung des Junkers, in deren Verlauf die Gewalt eskaliert und die Dinge eine Eigendynamik gewinnen, so dass Kohlhaas nicht mehr absoluter Herr der Situation ist. Auf Erkundigungen hin erfährt er, dass der Junker in ein nahe gelegenes Stift zu seiner Tante geflohen ist, die als Äbtissin in der Gegend ein hohes Ansehen genießt. Dieser Umstand kommt Kohlhaas keineswegs gelegen, da ihm die Achtung vor der „fromme[n], wohltätige[n] und heilige[n] Frau" (ebd.) verbieten sollte, seine Verfolgung des Junkers dort mit gleichen radikalen Mitteln fortzusetzen.

Bedeutung des Wetters

Das Wetter bildet mit „dem Gemurmel eines entfernten Gewitters am Horizont" (29) nicht nur die effektvolle Kulisse für die düstere Handlung, sondern repräsentiert auch das unwägbare Eingreifen höherer Gewalten in die Handlung. Zum einen verhindert ein durch das Wetter verursachtes Hochwasser die rechtzeitige Zustellung des „Kohlhaasischen Mandats" an das Stift und bildet somit ein Glied in der Verkettung unglücklicher Umstände, wie schon der Tod Lisbeths durch einen solchen verursacht war, die einen wesentlichen Anteil an der Eskalation der Gewalt haben; zum anderen greift „ein ungeheurer Wetterschlag" (ebd.) direkt in die Handlung ein und hindert Kohlhaas gewissermaßen als Fingerzeig von oben an allzu großem Frevel, nämlich aus „unbefriedigter Rache" (ebd.) das Kloster in Brand setzen zu lassen. So muss Kohlhaas zur Kenntnis nehmen, dass der Junker sich nicht mehr im Stift, sondern bereits in Wittenberg versteckt hält, und setzt seine Verfolgung fort.

Er veröffentlicht ein zweites Mandat, in welchem er zunächst versucht, die Bevölkerung durch die „Erzählung dessen, was ihm im Lande begegnet," (30) auf seine Seite zu ziehen, aber auch einer noch größeren Anmaßung erliegt, indem er nicht nur seiner Sache eine allgemeine Bedeutung verleihen möchte und den Junker zum „allgemeinen Feind aller Christen" (ebd.) erklärt, sondern auch sich selbst zum „reichs- und weltfreien, Gott allein unterworfenen Herrn" (ebd.) ernennt. Der Erzähler qualifiziert dies als „Schwärmerei krankhafter und missgeschaffener Art" (ebd.) ab. Kohlhaas erhält weiteren Zulauf von Leuten, die die Aussicht auf Geld und Beute lockt.

Die Strategie seines Rachefeldzugs gegen den Junker ist ebenso brutal wie einfach. In nächtlichen Aktionen lässt er in Orten, wo er den Junker vermutet, Brände legen und seine Forderung nach Auslieferung des Junkers verbreiten. Dadurch bringt er zwar zunächst das Volk gegen sich selbst auf, was sich in Bezeichnungen wie „Frevel" (31), „Drache" (32), „Mordbrenner" (35) zeigt, doch versetzt er es dermaßen in Angst und Schrecken, dass sich die Wut des Volks letztlich gegen den Junker richtet, so dass dieser „vor der Gewalttätigkeit des Volkes, das ihn platterdings aus der Stadt entfernt wissen wollte," (31) geschützt werden muss. Die Bürger Wittenbergs nennen den Junker nun offen „einen Blutigel, einen elenden Landplager und Menschenquäler, den Fluch der Stadt Wittenberg und das Verderben von Sachsen" (33), und die Stadt Dresden weigert sich, ihn bei sich aufzunehmen. Der wittenbergische Landvogt weiß Wittenberg schließlich nicht anders als durch eine List vor Kohlhaas

Zweites Mandat

Kohlhaas' Taktik

Auflehnung des Volks gegen den Junker

Täuschungsmanöver des Landvogts

zu schützen, indem er vortäuscht, den Junker nach Leipzig gebracht zu haben, wohin sich Kohlhaas daraufhin auch tatsächlich wendet.

Kohlhaas' Erfolge

Zu Kohlhaas' fast legendärem Ruf in der Bevölkerung tragen aber auch seine militärischen Erfolge bei. Die Obrigkeit hatte sich gezwungen gesehen, mit militärischen Strafaktionen gegen Kohlhaas und seine weiterhin gewachsene Schar vorzugehen. Doch durch freches, beherztes, mutiges und die Fehler der Gegner ausnutzendes Handeln hatte Kohlhaas jedes Mal vermocht, gegen die Übermacht einen überraschenden Sieg zu erringen. In einem Mandat, das Kohlhaas anlässlich seiner ‚Belagerung' Leipzigs veröffentlicht, erreicht er den Gipfel seiner Hybris: Er nennt sich

„Statthalter Michaels"

„„einen Statthalter Michaels des Erzengels, der gekommen sei, an allen, die in dieser Streitsache des Junkers Partei ergreifen würden, mit Feuer und Schwert die Arglist, in welcher die ganze Welt versunken sei, zu bestrafen'. [...] und das Mandat war, mit einer Art von Verrückung unterzeichnet: ‚Gegeben auf dem Sitz unserer provisorischen Weltregierung, dem Erzschlosse zu Lützen.'" (35)

Aus dem ehemaligen durchaus berechtigten ethischen Bewusstsein einer höheren Sendung ist nun eine wahnhafte Anmaßung geworden, die er auch in seinem äußeren Aufzug manifestiert: „ein großes Cherubsschwert, auf einem rotledernen Kissen, mit Quasten von Gold verziert, ward ihm vorangetragen, und zwölf Männer mit brennenden Fackeln folgten ihm" (38).

Das Eingreifen Luthers

An diesem Punkt der Handlung greift Martin Luther ein, um „den Kohlhaas [...] in den Damm der menschlichen Ordnung zurückzudrücken" (36). Er richtet ein

Luthers Plakat

öffentliches Plakat an Kohlhaas, in welchem er ihn der Ungerechtigkeit und der Mord- und Raublust bezichtigt und ihm das Recht auf sein Verhalten abspricht, da der Landesherr seinen Fall gar nicht kenne. Kohlhaas ist vom Inhalt dieses Plakats sehr betroffen und fühlt sich „in der ganzen Verderblichkeit, in der er dastand," (38) entwaffnet und beschämt. Dies wiegt umso schwerer für ihn, als das Plakat „von dem Namen Martin Luthers" (ebd.) unterzeichnet ist. In Verkleidung begibt er sich sofort nach Wittenberg, um Luther zu einem Gespräch aufzusuchen.

Das folgende Gespräch stellt einen der zentralen Punkte der gesamten Handlung dar. Hier lässt der Erzähler Kohlhaas noch einmal die Motivation und Begründung seines Verhaltens mit eigenem Munde vortragen. Die Positionen Luthers und Kohlhaasens sind nicht neu, beide wiederholen im Grunde bereits Bekanntes. Luthers zentraler Vorwurf ist der gleiche des Plakats, die Ungerechtigkeit Kohlhaasens, da der Kurfürst seinen Fall nicht kenne und Kohlhaas voreilig und eigenmächtig gehandelt habe.

Kohlhaas bei Luther

Doch Kohlhaas will diese ‚Meinung von ihm, dass er ein ungerechter Mann sei, widerlegen' (vgl. 39). Da er sich aus der Gemeinschaft der Menschen verstoßen fühlt, glaubt er, das Recht zu haben, mit dieser Krieg führen zu dürfen.

Kohlhaas' Selbstlegitimation

> „Verstoßen […] nenne ich den, dem der Schutz der Gesetze versagt ist! Denn dieses Schutzes zum Gedeihen meines friedlichen Gewerbes bedarf ich; ja, er ist es, dessenhalb ich mich mit dem Kreis dessen, was ich erworben, in diese Gemeinschaft flüchte; und wer ihn mir versagt, der stößt mich zu den Wilden der Einöde hinaus; er gibt mir, wie wollt ihr das leugnen, die Keule, die mich selbst schützt, in die Hand" (39f.).

Kohlhaas' Verständnis von Gesellschaft

Kohlhaas reklamiert somit nicht nur das Recht zu seinem Verhalten, sondern sieht sogar die Schuld hierfür aufseiten der Gesellschaft. Erschwerend kommt für ihn der Tod seiner Frau hinzu: „es hat mich meine Frau gekostet; Kohlhaas will der Welt zeigen, dass sie in keinem ungerechten Handel umgekommen ist." (41)

Er erklärt sich jedoch sofort bereit, in die Gemeinschaft zurückzukehren und seine Klage erneut beim Tribunal des Landes vorzubringen, wenn Luther ihm hierfür freies Geleit verschaffen kann. Zur Bekräftigung seiner lauteren Absicht wiederholt er die drei ursprünglichen Klagepunkte als sein Anliegen: Bestrafung des Junkers, Wiederherstellung der Pferde und Schadensersatz, wobei er die ihm durch die Kriegsführung gegen den Junker entstandenen Kosten nicht inbegriffen sehen will. Die von Luther geforderte Selbstbescheidung durch

Vergebung für den Junker lehnt er jedoch ab und führt wieder den Tod seiner Frau dafür ins Feld. Auch als Luther die Spende der Kommunion von dieser Vergebung abhängig macht, zeigt er sich hart und begründet theologisch: „der Herr auch vergab allen seinen Feinden nicht" (42). Luther verweigert ihm die Kommunion, sagt ihm jedoch seine Bemühung für ein freies Geleit nach Dresden zu.

Verweigerung der Kommunion

In einem Brief an den sächsischen Kurfürsten empfiehlt Luther diesem, Kohlhaas nicht nur freies Geleit, sondern auch Amnestie zuzusagen. Sein Brief zeigt staatspolitisch ausgesprochen diplomatisches Denken, wenn Luther die Kohlhaas freundlich gesonnene öffentliche Meinung, dessen Argument der Rechtsverletzung durch den Junker und die Gerichte und dessen Status als ‚Ausländer' als Begründung für seine Empfehlung anführt.

Luthers Einsatz für Kohlhaas

Die Darstellung der Figur Martin Luthers überrascht einigermaßen. Statt einer respektablen und würdevollen Person, die vor Zeiten ihrerseits mit ihren Gedanken und Handlungen voll rebellischen und revolutionären Potentials einiges an folgenreicher Unruhe und Erschütterung in die Welt gebracht hat, wird dem Leser eher das Bild eines zurückgezogenen Schreibstubengelehrten vor Augen gestellt, der dem Intellekt und der Redegewandtheit Kohlhaasens nicht so recht gewachsen zu sein scheint und der scheinbar Standhaftigkeit gegen Diplomatie eingetauscht hat.

Figur Luthers

Der sächsische Kurfürst berät im Staatsrat mit seinen höchsten Staatsbeamten, zu denen auch die beiden Verwandten des Junkers Hinz und Kunz von Tronka gehören, über Luthers Empfehlung. Für die politisch Verantwortlichen stellt sich das Problem, die Lage in den Griff zu bekommen und trotzdem nach außen hin das Gesicht zu wahren. Kunz von Tronka, der wegen des Missbrauchs seiner Befugnis, sich des Namens und des Wappens des Kurfürsten zu bedienen, als der letztlich Verantwortliche an der prekären Situation zu sehen ist, versucht, sich durch „Feuer der Beredsamkeit" (44) zu rechtfertigen, und plädiert gegen Luthers Empfehlung, da Kohlhaas dadurch zu große Anerkennung zuteil werde. Die anderen Ratgeber sind spätestens durch dieses unbeabsichtigte Schuldeingeständnis Kunzens in die Lage versetzt, dass sie mit ihrer Meinung zum Problem

Der Staatsrat

Kohlhaas automatisch gegenüber Kunz Stellung beziehen müssen.

So bilden sich verschiedene Gruppierungen. Graf Wrede und der Prinz von Meißen distanzieren sich von Kunz aufgrund allgemein moralischer Maßstäbe, nehmen aber hinsichtlich Kohlhaas unterschiedliche Positionen ein; Wrede schließt sich Luther an, der Prinz von Meißen dringt auf harte Bestrafung – Kohlhaasens und Kunzens! Graf Kallheim und Hinz von Tronka urteilen nach pragmatischen Gesichtspunkten; die Frage, wem nützt bzw. schadet es, ist für sie entscheidend. Während Kallheim sich bezüglich Kohlhaas nicht äußert, schlägt Hinz ein taktisches Vorgehen vor, nämlich Kohlhaas zwar Recht zu geben, ihn jedoch „auf den Grund seiner Mordbrennereien und Räubereien einzustecken" (46).

Parteienbildung

Auf seine Erkundigungen nach der Stimmung im Volk hin erfährt der Kurfürst,

> „dass der Rosshändler in der Tat schon zu einer Stärke von vierhundert Mann angewachsen sei, ja, bei der allgemeinen Unzufriedenheit, die wegen der Unziemlichkeiten des Kämmerers im Lande herrschte, in kurzem auf die doppelte und dreifache Stärke rechnen könne" (46 f.).

Dies lässt es dem Kurfürsten geraten erscheinen, Kohlhaas freies Geleit für einen neuen Prozess und, im Falle seines Gewinns, „völlige Amnestie seiner in Sachsen ausgeübten Gewalttätigkeiten wegen" (47) zuzugestehen. Das Amnestieversprechen bildet einen erneuten Wendepunkt im Geschehen.

Amnestie

3. Abschnitt (47–71): Kohlhaas in Dresden

Hoffnung auf einen guten Ausgang

Sofort nach Kenntnisnahme dieser kurfürstlichen Garantien macht Kohlhaas sich daran, seine Zusagen einzulösen. Er löst seine Schar auf und „legte alles, was er an Geld, Waffen und Gerätschaften erbeutet haben mochte, bei den Gerichten zu Lützen als kurfürstliches Eigentum nieder" (47), womit er erneut seine nicht-materiellen Interessen bei dieser Affäre dokumentiert. In vollem Ver-

Auflösung der Schar

trauen auf den positiven Ausgang seiner Sache leitet er den Rückkauf seiner Güter ein, lässt seine Kinder holen und begibt sich nach Dresden.

Aufnahme in Dresden

Dort findet seine Ankunft größte Aufmerksamkeit des Volkes, das sich in Massen darum bemüht, den „Würgeengel […], der die Volksbedrücker mit Feuer und Schwert verfolge" (48) und dem darum seine Sympathie gehört, zu sehen. Auch die beiden Repräsentanten der sächsischen Regierung, denen Kohlhaas zunächst begegnet, der Oberbefehlshaber Prinz von Meißen – obwohl er im Rat gegen Kohlhaas plädiert hatte – und der Großkanzler des Tribunals Graf Wrede, nehmen ihn durchaus korrekt, ja, fast freundlich auf. Wegen des ungeheuren Volksauflaufs erhält Kohlhaas zu seinem eigenen Schutz eine Wache, die aber auf sein Verlangen hin entfernt werden soll, um seine persönliche Freiheit zu gewährleisten. Auf Empfehlung von Graf Wrede wendet sich Kohlhaas an einen berühmten Advokaten, der für ihn erneut die drei ursprünglichen Klagepunkte vor Gericht einbringen soll. Nach diesen ersten Erfahrungen in Dresden scheint Kohlhaas wieder Hoffnung hegen zu dürfen.

Die Tronkas

Inzwischen ist auch der Junker Wenzel von Tronka von Wittenberg her in Dresden eingetroffen, wo ihn seine Verwandten Hinz und Kunz „mit der größten Erbitterung und Verachtung" (50) erwarten. Ihre Einsicht, dass ihre Verwendung für ihren Verwandten nicht nur „Schande und Schmach über die ganze Familie bringe" (ebd.), sondern ihrer persönlichen Stellung und ihrem Ansehen in der momentanen Stimmungslage alles andere als förderlich ist, und ihre Angst vor dem „Hohngelächter der Welt" (ebd.), das auch sie als Ziel haben könnte, sind als Gründe für ihre Distanzierung von ihrem Verwandten anzunehmen. Um jede Schuld von sich zu weisen, gibt der Junker seine Schwäche zu, indem er seine Verantwortung für die Zugrunderichtung der Pferde, z. T. sogar seine Kenntnis hiervon von sich weist und auf Verwalter und Schlossvogt schiebt. In diesem gar nicht falsch dargestellten Zustand an seinem Schloss spiegeln sich die Verhältnisse am Dresdener Hof. Auch dort haben es die untergeordneten Funktionäre verstanden, ihre bevorzugte Stellung auszunutzen und im Namen des Fürsten zu ihren eigenen Gunsten zu handeln.

Die Erwartung eines für Kohlhaas günstigen Gerichtsurteils lässt es den Tronkas geraten erscheinen, Nachforschungen nach den verschollenen Rappen anzustellen. Die recht schwierige Suche hat Erfolg, und die Rappen treffen nach einiger Zeit in Dresden ein. Ihr Zustand ist in zweifacher Hinsicht ein jämmerlicher; zum einen ist ihr körperlicher Zustand erbärmlich, zum anderen ist ihr momentaner Besitzer ein Abdecker. Da Abdecker in der damaligen Zeit als unehrenhafte gesellschaftliche Außenseiter gelten, wird dies zu Verwicklungen führen, die die Gunst gegen Kohlhaas umschlagen lassen wird, was der Erzähler hier bereits mit seiner Wertung als „Unglück" (52) vorausdeutet.

Nachforschungen nach den Rappen

Die Abdeckerszene

Die Ausführlichkeit, mit der Kleist seinen Erzähler die nun folgende Kernszene darstellen lässt, dient dazu, dem Leser die vielfältige und vielschichtige Verflechtung zum Teil unvorhersehbarer Ursachen und Anlässe der Handlungsmomente und damit das Eingreifen von Schicksal in die Handlung vor Augen zu führen. Neben solchen von außen kommenden wäg- oder unwägbaren Ereignissen spielen jedoch die zum Teil unangemessenen, von Stolz und Eitelkeit bestimmten inneren Reaktionen und Zustände der Personen die entscheidende Rolle.

Funktion der Szene

Motive für das Verhalten der Personen

Kunz und Wenzel von Tronka begeben sich zum Markt, um dort die Pferde in Augenschein zu nehmen, eventuell zu identifizieren und dann in Besitz zu nehmen. Dort hat sich bereits eine Menschenmenge eingefunden und verleiht ihrem Hohn darüber, „dass die Pferde schon, um derenthalben der Staat wanke, an den Schinder gekommen wären" (52), mit „unendlichem Gelächter" (ebd.) Ausdruck. Der miserable Zustand der Tiere macht es dem Junker unmöglich, die Pferde zu identifizieren, und Kunz sieht sich trotz seines „sprachlosen Grimms" (ebd.) gezwungen, an den Abdecker Fragen betreffs der Herkunft der Pferde zu richten. Dieser lässt sich von den Amtsinsignien und dem Titel des Kämmerers nicht beeindrucken und benimmt sich unbekümmert-ungebührlich; weder lässt er sich in seinem „empfindungslose[n] Eifer" (53), mit dem er „seine Geschäfte betrieb" (ebd.), stören, noch scheut er sich, die Hose herunterzulassen und sein Wasser abzuschlagen! Dies steigert die Scham

Hohn der Menge

Gleichgültigkeit des Abdeckers

des Kämmerers vor „der hohnlachenden Menge" (ebd.)

Kunzens Trotz

und seinen Trotz, den er später in seiner ganzen Haltung zum Ausdruck zu bringen versucht, „indem er sein Schwert mit Stolz und Ansehen unter dem Arm hielt" (55). Da die gleichgültigen Auskünfte des Abdeckers wenig befriedigend ausfallen, sieht Kunz sich gezwungen, Kohlhaas zwecks Identifizierung der Pferde herbeirufen zu lassen. In einem kurzen Auftritt auf dem Markt

Identifizierung der Rappen

erkennt Kohlhaas die Pferde nach einer nur flüchtigen Inspektion als die seinen an. Die Affäre beginnt ihm bedrohlich zu werden, und er sucht nach einem versöhnlichen Abschluss.

Kunz bezahlt dem Abdecker die Pferde und weist einen Knecht an, sie wegzuführen. Daraus entsteht jedoch ein erheblicher Tumult. Da der Knecht nach einer In-

Weigerung des Knechts

tervention seines anwesenden Vetters sich wegen ihrer Unehrlichkeit weigert, die Pferde überhaupt nur anzufassen, und fordert, „die Pferde müssten erst ehrlich gemacht werden" (57), verliert der unter großer Spannung stehende Kämmerer endgültig die Beherrschung und weist den Knecht mit einer demütigenden Geste aus seinen Diensten. Er richtet seine Wut auf einen im Grunde Unschuldigen. Hierauf entlädt sich auch die in der Volksmenge aufgestaute Aggression, und ihr Anführer Meister Himboldt „warf [...] den Kämmerer von hinten

Handgemenge

nieder, riss ihm Mantel, Kragen und Helm ab, wand ihm das Schwert aus der Hand und schleuderte es in einem grimmigen Wurf weit über den Platz hinweg" (ebd.). Nach den Verhandlungen mit einem Abdecker findet

Entwürdigung Kunzens

hierin Kunzens Entwürdigung ihren Höhepunkt; der Verlust der Insignien seines Standes und seiner Macht, die er vorher stolz präsentiert hatte, symbolisiert dies deutlich. Nur durch einen zufällig auftauchenden Trupp Soldaten kann der Kämmerer vor der „Wut der Menge" (ebd.) gerettet werden. Dieser Vorfall stellt eine Spiegelung der Novellenhandlung im Kleinen dar: Ein stolzer Bürger reagiert auf die überhebliche Willkür eines Adligen, indem er ihn angreift, ihn tatsächlich in die Knie zwingt und ihm die selbst verliehenen Zeichen seiner Würde nimmt.

Stimmungs-umschwung im Volk

Der Vorfall hat für den Fortgang der Handlung fatale Folgen und muss als erneuter Wendepunkt des Geschehens angesehen werden:

> „Dieser Vorfall [...] erweckte gleichwohl, auch bei
> dem Gemäßigteren und Besseren, eine, dem Ausgang
> seiner [d. i. Kohlhaasens] Streitsache höchst gefährliche
> Stimmung im Lande. Man fand das Verhältnis dessel-
> ben [d. i. Kohlhaas] zum Staat ganz unerträglich, und
> in Privathäusern und auf öffentlichen Plätzen, erhob
> sich die Meinung, dass es besser sei, ein offenbares
> Unrecht an ihm zu verüben und die Sache von neuem
> niederzuschlagen, als ihm Gerechtigkeit, durch Gewalt-
> taten ertrotzt, in einer so nichtigen Sache, zur bloßen
> Befriedigung seines rasenden Starrsinns zukommen zu
> lassen." (58)

Wie so oft an den entscheidenden Stellen der Handlung
wird hier ein einseitiges und undifferenziertes Urteil gesprochen, indem Kohlhaas wie sonst anderen Personen
der Unmut über einen Umstand, den er nicht direkt zu
verantworten hat, aufgeladen und somit eine Schuld zugesprochen wird, die ihm nicht zukommt; damit werden einmal mehr Handlungen in Gang gesetzt, die im
Grunde niemand verantworten kann.

So wird auch in der Folge der Hass der Familie Tronka
gegen Kohlhaas durch das Verhalten des Grafen Wrede
gesteigert.

Hass der Tronkas

> „Die Schmach, die zufolge der bestehenden Umstände,
> dadurch auf die Familie des Junkers fiel, war so groß,
> dass bei dem staatsbürgerlichen Gewicht, das sie, als
> eine der ersten und edelsten, im Lande hatte, nichts
> billiger und zweckmäßiger schien, als eine Vergütung
> der Pferde in Geld einzuleiten." (Ebd.)

Man geht den Großkanzler mit diesem Vorschlag an,
doch dieser verweist die Tronkas „aus übergroßer Rechtlichkeit und einem davon herrührenden Hass gegen die
Familie von Tronka" (ebd.) an Kohlhaas persönlich.

> „Der Rosshändler, dessen Wille, durch den Vorfall, der
> sich auf dem Markt zugetragen, in der Tat gebrochen
> war, wartete auch nur, dem Rat des Großkanzlers gemäß,
> auf eine Eröffnung von seiten des Junkers, oder seiner
> Angehörigen, um ihnen mit völliger Bereitwilligkeit und
> Vergebung des Geschehenen entgegenzukommen; doch
> diese Eröffnung war den stolzen Rittern zu tun empfind-
> lich; und schwer erbittert über die Antwort, die sie von
> dem Großkanzler empfangen hatten" (58 f.),

wenden sie sich an den Kurfürsten persönlich mit der Bitte, ihnen die „erdenkliche Schmach und Schande" (59) einer Bittstellung vor Kohlhaas zu ersparen. Der Kurfürst zeigt sich seinem Kämmerer gegenüber wohlwollend. Somit scheitert die zu diesem Zeitpunkt mögliche gütliche Einigung durch einen Vergleich an dem Stolz und der Eitelkeit der Beteiligten.

Scheitern einer Einigung

Nicht nur dass sie in diesem Moment der Handlung eine mögliche gütliche Einigung nicht herbeiführen, sondern die Tronkas nutzen einen weiteren für Kohlhaas ungünstigen Umstand, um durch geschicktes Taktieren in die Gegenoffensive überzugehen. Johann Nagelschmidt, ein Beteiligter aus der früheren Schar des Kohlhaas, setzt Kohlhaas' Feldzug fort und nennt sich dabei unberechtigt „einen Statthalter des Kohlhaas" (60). So vermag er es, seinen „Mordbrennerhaufen als ein[en] zur bloßen Ehre Gottes aufgestandene[n] Kriegshaufen" (ebd.) erscheinen zu lassen, der „bestimmt [sei], über die Befolgung der ihnen von dem Kurfürsten angelobten Amnestie zu wachen" (ebd.). Das tatsächliche Motiv ist jedoch, „unter dem Schutz solcher Vorspiegelungen desto ungestrafter und bequemer zu sengen und zu plündern" (ebd.). Auf diese Weise rächt es sich nun, dass Kohlhaas sich seinerzeit nicht gescheut hat, raub- und beutelüsternes Gesindel in seinen Haufen aufzunehmen.

Gegenoffensive der Tronkas

Nagelschmidt

Obwohl Kohlhaas versichert, dass er und Nagelschmidt als Todfeinde auseinandergegangen seien, nutzen die Tronkas das Bekanntwerden dieser Nachricht, um die sich verschlechternde Stimmung gegen Kohlhaas noch durch geschickten Einsatz dieser Meldungen, die sie mit zusätzlichen Gerüchten vermengen, anzuheizen. Kohlhaas distanziert sich in einem Brief öffentlich von Nagelschmidt, und der Prinz von Meißen erneuert nochmals die Zusage der Amnestie.

Distanzierung von Nagelschmidt

Wegen der aufziehenden Gefahr bemüht sich Graf Wrede, den Prozess zu beschleunigen, doch die Tronkas halten es in ihrem Sinn für günstig, den Prozess hinauszuzögern, und erreichen dies durch „Wendungen arglistiger und rabulistischer Art" (62 f.), die jeweils langwierige Untersuchungen und Auseinandersetzungen notwendig machen.

Bruch der Amnestie

In dieser misslichen Lage sieht Kohlhaas sich gezwungen, Dresden zur Erledigung dringender Geschäfte auf seinen mittlerweile wiedererworbenen Gütern für kurze Zeit zu verlassen. Nur vage deutet der Erzähler hier an, dass Kohlhaas sich außer von diesen sachlichen Gründen wahrscheinlich auch von seiner allmählich immer bedrohlicheren Lage zu diesem Entschluss bestimmen lässt. Er lässt sich vom Großkanzler zwar nicht von diesem Entschluss abbringen, beantragt aber auf dessen Rat hin Pässe für seine Reise beim Prinzen von Meißen. Dieser Antrag wird jedoch ungewöhnlich lange hinausgezögert, und durch die Antwort erfährt er, dass der Prinz von Meißen für einige Zeit in seinem Amt vertreten wird von jemandem, auf dessen Loyalität er nicht rechnen kann. Da er damit auf einen verlässlichen Hofbeamten weniger rechnen kann, bemächtigt sich seiner bei dem überlangen Ausbleiben der Pässe eine zunehmende Unruhe. Als er kurze Zeit später eine Verstärkung und Intensivierung seiner Bewachung beobachtet, muss er um seine Amnestie fürchten und beschließt, die Probe aufs Exempel zu machen; „denn nichts missgönnte er der Regierung, mit der er zu tun hatte, mehr, als den Schein der Gerechtigkeit, während sie in der Tat die Amnestie, die sie ihm angelobt hatte, an ihm brach" (65).

Mit den folgenden Handlungen will Kohlhaas die Regierung zwingen, durch ihre Reaktionen offen Farbe zu bekennen, um selber Gewissheit zu gewinnen. Dass er seine eigene Lage dadurch eher verschlechtert, begreift er erst im Nachhinein. Er schickt sich an, die Stadt für einen Besuch bei einem Bekannten gemäß der Vereinbarung mit dem Prinzen von Meißen ohne Bewachung zu verlassen. Der Kommandant der Wachen will ihn jedoch nicht ohne berittene Landsknechte als Begleitung aus der Stadt lassen und verweist als Begründung auf eine höhere Anordnung. Diese Anordnung wird Kohlhaas auf seine persönliche Nachfrage beim Freiherrn von Wenk, dem Vertreter des Prinzen, bestätigt. Unglücklicherweise stört Kohlhaas diesen beim Verhör von einigen Kumpanen Nagelschmidts, die man gefangen genommen hat, weshalb der Freiherr Kohlhaas recht unfreundlich und ungeduldig begegnet:

Antrag auf Pässe

Veränderung der Bewachung

Herausforderung

> „Kohlhaas fragte: ob er Gefangener wäre, und ob er
> glauben solle, dass die ihm feierlich, vor den Augen der
> ganzen Welt angelobte Amnestie gebrochen sei? worauf
> der Freiherr sich plötzlich glutrot im Gesicht zu ihm
> wandte, und, indem er dicht vor ihn trat, und ihm in
> das Auge sah, antwortete: ja! ja! ja!" (68)

Furcht vor Gefangenschaft

Die so gewonnene Gewissheit lässt in Kohlhaas die Befürchtung wachsen, dass ihm in dieser Situation nur noch die Flucht übrig bleiben wird, deren Gelingen im Anbetracht der Umstände jedoch zu bezweifeln ist.

Todesurteil

Kohlhaas befindet sich nun in einer Verfassung, die ihn ohne tiefere Überlegung nach jedem rettenden Strohhalm greifen lässt. Einen solchen bietet ihm Johann Nagelschmidt an. Da auch dessen Lage immer bedrängter wird, möchte er Kohlhaas als Anführer für seinen Haufen gewinnen und bietet ihm zu diesem Zweck seine Mithilfe bei einer Flucht aus Dresden an. Doch einmal mehr greift der Zufall in das Geschehen ein und beeinflusst Kohlhaasens Geschick ungünstig. Der mit der Überbringung dieses Briefes beauftragte Kumpan Nagelschmidts erleidet in einem Dorf dicht vor Dresden einen Krampfanfall, welcher zu seiner Entlarvung und der Entdeckung des Briefes führt. Er wird festgenommen und der Brief wird unverzüglich dem Kurfürsten zugeleitet. Die dort anwesenden Tronkas dringen auf eine sofortige Verhaftung Kohlhaas', der der Kurfürst wegen seines gegebenen Amnestieversprechens nicht zustimmt. Man beschließt jedoch, Kohlhaas auf die Probe zu stellen, indem man ihm von dem bestochenen Knecht den Brief Nagelschmidts doch überbringen lässt.

Die Falle

In seiner verzweifelten Stimmung entschließt sich Kohlhaas, das Hilfsangebot Nagelschmidts anzunehmen. Seine Absicht ist jedoch keineswegs, wieder die Waffen zu ergreifen und sich an die Spitze der Nagelschmidt-Bande zu stellen, sondern vielmehr

Angebot Nagelschmidts

Entdeckung des Boten

> „mit seinen fünf Kindern nach Hamburg zu gehen, und
> sich dort nach der Levante oder Ostindien, oder soweit
> der Himmel über andere Menschen, als die er kannte,
> blau war, einzuschiffen: denn die Dickfütterung der
> Rappen hatte seine von Gram sehr gebeugte Seele auch
> unabhängig von dem Widerwillen, mit dem Nagel-

schmidt deshalb gemeinschaftliche Sache zu machen, aufgegeben" (71).

Er trifft auch in dieser Hinsicht Vorsorge in seinem Antwortbrief an Nagelschmidt, den er dem Knecht, dessen Doppelspiel er nicht durchschaut, übergibt.

Die Blöße, die Kohlhaas sich hiermit gegeben hat, scheint dem Hof ein willkommener Anlass und Vorwand zu sein, die inzwischen längst bedauerte Amnestiezusage zu brechen. Darauf weist die Hast der Maßnahmen gegen Kohlhaas hin. Im Verlaufe der sofort eingeleiteten Maßnahmen büßt auch Graf Wrede, dessen einziges Vergehen in seiner Loyalität gegenüber Kohlhaas besteht, seinen Posten zugunsten des den Tronkas freundlich gesonnenen Grafen Kallheim ein. Somit steht der Verhaftung des Kohlhaas nichts mehr im Wege. Ihm wird umgehend der Prozess gemacht, und in dem Todesurteil gegen ihn machen sich die aufgestauten Rachegelüste gegen Kohlhaas Luft. Indem man ihn nur aufgrund seines Briefes an Nagelschmidt ohne Berücksichtigung des gegebenen Amnestieversprechens verurteilt, „mit glühenden Zangen von Schinderknechten gekniffen, geviertelt und sein Körper zwischen Rad und Galgen verbrannt zu werden," (ebd.) möchte man ihn durch diese Hinrichtungsprozedur nicht nur mit dem Tode bestrafen, sondern symbolisch radikal seine moralische, seelische und körperliche Vernichtung und Austilgung vollziehen.

Zur Darstellung von Kohlhaasens Verhaftung und Verurteilung braucht der Erzähler nicht mehr als zwei Sätze. Dadurch transformiert sich die fieberhafte Eile der Aktivitäten unmittelbar in atemlose Sprache. Und diese Fieberhaftigkeit des Vorgehens steht in offenbarem Gegensatz zu der bis dahin nur schleppenden Entwicklung des Prozesses.

Seitenkommentar rechts:
Reaktion des Hofes

Verhaftung

Todesurteil

Sprachliche Gestaltung

4. Abschnitt (71–88): Kohlhaas in Berlin

Das Eingreifen des Kurfürsten von Brandenburg

Da nach dieser rigorosen Verurteilung keine Hoffnung mehr für Kohlhaas zu bestehen scheint, bildet das Eingreifen des Kurfürsten von Brandenburg, Kohlhaasens Landesherrn, einen erneuten Wendepunkt der Handlung. Er reklamiert Kohlhaas als seinen Untertan und fordert seine Auslieferung. Zwischenzeitlich hatte er von dem an früherer Stelle bereits als ehrenhaft vorgestellten Heinrich von Geusau von der Affäre und der Schuld, die den brandenburgischen Hof in diesem Zusammenhang traf, erfahren,

> „worüber der Kurfürst schwer entrüstet, den Erzkanzler, nachdem er ihn zur Rede gestellt und befunden, dass die Verwandtschaft desselben mit dem Hause derer von Tronka an allem schuld sei, ohne weiteres, mit mehreren Zeichen seiner Ungnade, entsetzte und den Herrn Heinrich von Geusau zum Erzkanzler ernannte" (72).

Mit diesem entschiedenen Handeln wird vom brandenburgischen Fürsten und den Zuständen an seinem Hof vordergründig ein positives Bild entworfen, das in deutlichem Gegensatz zu den sächsischen Verhältnissen steht. Doch genauer betrachtet, sind für den brandenburgischen Herrscher hierfür auch staatspolitische Gründe ausschlaggebend: Er kann in seiner Regierung keinesfalls ein Mitglied dulden, das Entscheidungen im sächsischen Interesse fällt.

Die politischen Umstände sind für das brandenburgische Anliegen günstig. Da Polen Sachsen mit einer kriegerischen Auseinandersetzung bedroht und hierfür Brandenburg als Verbündeten zu gewinnen sucht, sieht die sächsische Regierung sich trotz erhobenem Einspruch aus übergeordneten politischen Erwägungen heraus gezwungen, nicht nur Kohlhaas auszuliefern, sondern auch einem brandenburgischen Anwalt, der Kohlhaasens Klage vor dem Dresdner Gericht wieder aufgreifen soll, hierfür Pässe auszustellen. Im Gegenzug will man Kohlhaas beim Berliner Kammergericht wegen der in Sachsen verübten Untaten verklagen und betraut – im Grunde gegen dessen Willen – den Prinzen von Meißen mit dieser Aufgabe.

Die Klageerhebung erweist sich jedoch als Problem,

> „da man sich auf den leidigen Brief desselben [d. i. Kohlhaas] an den Nagelschmidt, wegen der zweideutigen und unklaren Umstände, unter welchen er schrieben

war, nicht berufen konnte, früheren Plünderungen und
Einäscherungen aber, wegen des Plakats, worin sie ihm
vergeben worden waren, nicht erwähnen durfte" (73).

Der sächsische Hof hat sich in eine prekäre Situation
hineinlaviert und ist gezwungen, sich selbst die Zwei-
felhaftigkeit seines Todesurteils für Kohlhaas einzuge-
stehen.

> „[...] so beschloss der Kurfürst [von Sachsen], der Majes-
> tät des Kaisers in Wien einen Bericht über den bewaff-
> neten Einfall des Kohlhaas in Sachsen vorzulegen, sich
> über den Bruch des von ihm eingesetzten öffentlichen
> Landfriedens zu beschweren, und sie, die allerdings
> durch keine Amnestie gebunden war, anzuliegen, den
> Kohlhaas bei dem Hofgericht zu Berlin deshalb durch
> einen Reichskläger zur Rechenschaft zu ziehen." (73)

Anzeige
beim Kaiser

Durch die oben genannten Umstände ist der Kurfürst zu
diesem Beschluss gezwungen, den er jedoch später be-
dauert und gerne wieder rückgängig machen würde.

Amulett und Zigeunerin
Die Ausführlichkeit des Erzählers bei der folgenden Jagd-
szene ist durch ihre Funktion bedingt, sie bildet in gewissem Sinne eine erneute Exposition.
Nachträglich werden die verwandtschaftlichen und
freundschaftlichen Verflechtungen am sächsischen Hof
deutlich: Heloise steht hierbei im Mittelpunkt. Sie ist
die Schwester des sächsischen Präsidenten und des soeben abgesetzten brandenburgischen Erzkanzlers. Indem Kunz von Tronka mit ihr verheiratet ist, ist er mit
den Kallheims verschwägert. Gleichzeitig ist Heloise
auch die frühere Geliebte des Kurfürsten, der sich auch
zum jetzigen Zeitpunkt noch ihren weiblichen Reizen
zugetan zeigt und sich von ihr beeinflussen lässt.
Für den Fortgang der Handlung ist diese Szene bedeutsam, da sie mit dem Amulett ein Element einführt, das
nun ins Zentrum der Handlung rücken wird. Wie im ersten Teil die beiden Rappen der Dreh- und Angelpunkt
des Geschehens waren, d.h. die Handlungen motivier-
ten und auslösten und selbst wenigstens unterschwellig
im Hintergrund stets vorhanden waren, so rückt nun
das Amulett in den Mittelpunkt. Dabei vertauschen

2. Exposition

Beziehungen am
sächsischen Hof

Bedeutung
des Amuletts

sich die Rollen der Beteiligten. War es bislang Kohlhaas gewesen, der aktiv vom Kurfürsten etwas zu erlangen strebte, so ist es nun der Kurfürst, der Kohlhaas wegen des Amuletts bedrängt. Rappen und Amulett repräsentieren jedoch nicht allein sich selbst, sondern verweisen symbolisch auf höhere und abstrakte Bedeutungsdimensionen.

Begegnung
des Kurfürsten
mit Kohlhaas

Einmal mehr ist der Zufall, die Verzögerung auf Kohlhaas' Reise nach Berlin wegen der Erkrankung seines Kindes, verantwortlich für dieses erste Zusammentreffen zwischen Kohlhaas und dem Kurfürsten. Obwohl das Auftauchen des Kohlhaas bei der Jagdgesellschaft eine peinliche Szene verursacht, lässt sich der Kurfürst später von Heloise überreden, heimlich und inkognito mit ihr den in der Nähe des Jagdlagers übernachtenden Kohlhaas aufzusuchen. Im Verlauf des Gesprächs mit Kohlhaas erkundigt sich der Kurfürst beiläufig mehr eines Themas für die Konversation wegen als aus Interesse nach der bleiernen Kapsel, die er an Kohlhaasens Hals hängen sieht, ohne zu ahnen, welch fatale Auswirkungen und Folgen die Antwort Kohlhaas' haben wird.

In der Folge wird der Kurfürst unmittelbarer als bisher ins Geschehen verwickelt und verliert seine innere und äußere Haltung. Der Erzähler verfolgt die Strategie des

Detektorisches
Erzählen

detektorischen Erzählens, d. h. des nachträglichen – wie z. B. bei den verwandtschaftlichen Verflechtungen – und allmählichen Aufdeckens. So legt er den Leser durch

Kohlhaas'
Erzählung

die wörtlich wiedergegebene Erzählung des Kohlhaas auf dessen Perspektive fest und gewährt ihm keinen Wissensvorsprung vor Kohlhaas. Kohlhaasens Wissen um das Amulett ist nämlich nicht vollständig und wird an späterer Stelle erst ergänzt werden. Kohlhaas weiß bisher nur, dass er das Amulett ganz überraschend auf einem Jahrmarkt von einer Zigeunerin, die dabei ihm unverständliche Dinge geredet habe, erhalten hat und dass die Kurfürsten von Sachsen und Brandenburg eine Rolle bei dieser ihm unverständlichen Szene spielten. Der Inhalt des versiegelten und in der bleiernen Kapsel eingeschlossenen Zettels ist Kohlhaas nicht bekannt. Die mit der Überreichung verbundene Prophezeiung der Zigeunerin: „Ein Amulett, Kohlhaas, der Rosshändler; verwahr es wohl, es wird dir dereinst das Leben retten!'" (77) sieht Kohlhaas trotz seiner Skepsis diesen Dingen gegenüber durch die Vorgänge in Dresden teilweise erfüllt.

Auf diese Erzählung hin sinkt der Kurfürst in Ohnmacht, welche im wörtlichen Sinne seine Lage symbolisiert. Ohnmacht, Schwächung und Krankheit werden zum Dauerzustand des Kurfürsten. Auf die Beruhigungsversuche des Kämmerers bedeutet er ihm, „dass ihm der Besitz dieses Zettels von der äußersten Wichtigkeit sei" (78). Doch vertraut er dem Kämmerer, „dessen Willfährigkeit er in diesem Falle misstraute" (79), den Inhalt dieses Zettels nicht an. Er beauftragt einen Jagdjunker, von dessen Zuverlässigkeit er sich bei früheren Gelegenheiten überzeugen konnte, damit, ihm den Zettel von Kohlhaas zu besorgen. Als Preis bietet er Kohlhaas „Freiheit und Leben" (80), ja sogar die Beihilfe zur Flucht an und begibt sich damit in die Illegalität. Doch Kohlhaas, der mittlerweile um die Identität jenes Besuchers weiß und in einem Freudentaumel seinen Triumph genießt, lehnt das Angebot ohne Zögern strikt ab. Sein Rachebedürfnis ist so stark, dass er bereit ist, sich selbst zu opfern, um dem Kurfürsten zu schaden: „,Du kannst mich auf das Schafott bringen, ich aber kann dir weh tun, und ich wills!'" (81)

Der Zustand des Kurfürsten verschlimmert sich hierauf bis zur Lebensbedrohung und hält ihn mehrere Wochen auf dem Krankenlager. Einigermaßen wiederhergestellt, scheut er keine Mühe und Selbstentblößung, um Kohlhaas vor dem wahrscheinlichen Tod, den er mit seiner Anzeige beim Kaiser selbst verursacht hatte, zu retten, „da ihm der Gedanke, denjenigen zu verderben, von dem er allein über die Geheimnisse des Zettels Auskunft erhalten konnte, unerträglich war" (83). Seine Bemühungen um Kohlhaas sind also keineswegs selbstlos, sondern von klaren eigenen Interessen motiviert. In den folgenden Passagen gerät Kohlhaas aus dem Blickfeld des Lesers, und der Erzähler perspektiviert seine Darstellung auf den Kurfürsten.

Bemühungen des Kurfürsten um den Zettel

Die vorher bereits in seinem Bewusstseinszustand symbolisch gespiegelte Ohnmacht zeigt sich nun auch in seiner tatsächlichen Ohnmacht den Vorgängen gegenüber, die er selber initiiert hat und die sich in einer Eigendyna-

Reaktion des Kurfürsten

Angebot des Kurfürsten

Kohlhaas' Rache

Bemühungen um den Zettel

mik von ihrem Urheber unabhängig gemacht haben. So kann der Kurfürst seine Beschwerde beim Kaiser nicht mehr aufhalten, da der hiermit beauftragte Anwalt bereits über sein Auftreten in Wien Bericht erstattet hat. Auch der Kaiser kann seinen Abgesandten am Berliner Kammergericht nicht zurückbeordern, worum ihn der sächsische Kurfürst „auf herzliche und dringende Weise" (83) in einem „eigenhändigen Brief" (ebd.) bat. Auch will er es nicht, da er sich als Reichsoberhaupt zu dieser Klage verpflichtet fühlt und keinen zwingenden Grund für einen Verzicht sieht. Die Niedergeschlagenheit des Kurfürsten hierauf wird durch private Berichte aus Berlin, die die Befürchtung äußern, „dass der Kohlhaas [...] auf dem Schafott enden werde" (84), verstärkt. In einem persönlichen Schreiben an den Kurfürsten von Brandenburg bittet er diesen mit dem Hinweis auf die von ihm zugesagte Amnestie und einige nicht näher dargelegte Gründe „um des Rosshändlers Leben" (ebd.). Auch der Kurfürst von Brandenburg weist mit der Begründung, dass der Kaiser als Kläger an keine Amnestie gebunden sei, diese Bitte zurück.

Als sich sein Zustand daraufhin erneut verschlimmert, sieht er sich gezwungen, seinen Kämmerer nun doch ins Vertrauen zu ziehen. In einer wörtlich wiedergegebenen Erzählung des Kurfürsten löst der Erzähler in einer Rückblende für den Leser das Rätsel des merkwürdig starken Interesses des Kurfürsten an dem Zettel, indem seine Bedeutung für den Kurfürsten entdeckt wird, was der zurückhaltende Erzähler nur durch die Perspektive des Kurfürsten leisten kann. Die Begebenheit mit der Zigeunerin auf dem Jahrmarkt kennt der Leser bereits teilweise aus der zurückliegenden Rückblende in Kohlhaasens Erzählung. Die Erzählung des Kurfürsten liefert nun die ergänzenden Informationen, über die Kohlhaas nicht verfügen konnte.

Erzählung des Kurfürsten

Rückblende

Die beiden Kurfürsten hatten beim Besuch eines Jahrmarkts die Künste einer wahrsagenden Zigeunerin auf die Probe gestellt. Dem brandenburgischen Fürsten und seinem Haus hatte sie eine glänzende Zukunft verhießen, aber dem sächsischen Fürsten verweigerte sie eine klare Aussage, sondern deutete eine Gefahr für seine Dynastie an und notierte auf einen Zettel „den Namen des letzten Regenten deines Hauses, die Jahres-

Prophezeiung der Zigeunerin

zahl, da er sein Reich verlieren, und den Namen dessen, der es durch die Gewalt der Waffen an sich reißen wird" (87). Sie versiegelte den Zettel und übergab ihn statt dem Kurfürsten einem Fremden mit der Aufforderung an den Kurfürsten: „von jenem Mann dort, der, mit dem Federhut, auf der Bank steht, hinter allem Volk, am Kircheneingang, lösest du, wenn es dir beliebt, den Zettel ein" (ebd.). Der Leser weiß bereits, dass es sich bei diesem Fremden um Kohlhaas handelt. Die sofortige unglaubliche Erfüllung einer ihrer Prophezeiungen steigert den Glauben des Kurfürsten an die Zigeunerin und intensiviert seinen dringlichen Wunsch nach dem Besitz des Zettels. Dass der Kurfürst nun seinen Kontrahenten Kohlhaas im Besitz dieses Zettels weiß, ist eine späte Rache für sein vormaliges Desinteresse an seiner Person; hätte er zeitig eine Begegnung mit Kohlhaas herbeigeführt, hätte er wohl bessere Chancen für das Einlösen des Zettels gehabt.

Mit dem Amulett und der Zigeunerin tritt ein irrationales, übersinnliches Element in die Erzählung ein, das sich nicht nahtlos in die bisherige Konzeption der Erzählung fügt, vielmehr entsteht hierdurch ein Bruch. Doch die überrationalen Elemente der Figur der Zigeunerin werden sich später als erzähltechnisch notwendig erweisen. Durch diese Figur wird der Erzähler Informationen in die Erzählung einbringen, die für den Fortgang der Handlung wichtig sein werden und die er mit realistischen Elementen nicht einführen könnte.

Zigeunerin als irrationales Element der Erzählung

Auf diese Erzählung des Kurfürsten hin, verspricht Kunz von Tronka, ihm diesen Zettel zu beschaffen, und reist unter einem Vorwand nach Berlin. Dort ist der Prozess gegen Kohlhaas zu seinem Ende gelangt. Zwar hatte Kohlhaas anfangs die ihm zugesagte Amnestie reklamiert, doch fügte er sich der „Belehrung, dass des Kaisers Majestät, deren Anwalt hier die Beschwerde führe, darauf keine Rücksicht nehmen könne" (89), umso lieber, „da man ihm […] erklärte, wie ihm dagegen von Dresden her in seiner Sache gegen den Junker Wenzel von Tronka völlige Genugtuung widerfahren werde" (ebd.). Kohlhaas wird zum zweiten Mal zum Tode verurteilt, doch nimmt sich die Enthauptung vergleichsweise milde gegen das radikale Todesurteil in Dresden aus, das ganze Folterprozeduren zur Hinrichtung vorgesehen hatte. Entgegen der

Kunzens Einsatz

Erneutes Todesurteil

allgemeinen Erwartung, die sich aufgrund der Milde des Urteils und des kurfürstlichen Wohlwollens für Kohlhaas breitgemacht hatte, erfolgt keine Begnadigung, sondern der Kurfürst bestätigt das Urteil und setzt einen Termin für die Hinrichtung fest.

Kunzens List

Kunz plant, Kohlhaas den Zettel mit List abzugewinnen. Er sucht in den Straßen Berlins eine alte Frau, die ihm als Doppelgängerin für die Zigeunerin, die er persönlich ja nie gesehen hat, zu taugen scheint, in der Hoffnung, dass Kohlhaas sich das Gesicht der Zigeunerin bei der überraschenden und flüchtigen Begegnung nicht fest genug eingeprägt hat und sich auf diese Weise täuschen lässt. Er instruiert die Alte genau und gibt ihr den Auftrag, Kohlhaas den Zettel unter dem Vorwand der ihm drohenden Gefahr abzuverlangen. Doch dass Kunz durch Zufall ausgerechnet tatsächlich an die alte Zigeunerin geraten ist, ist ein so unwahrscheinliches Faktum, dass selbst der Erzähler, obwohl er diese Tatsache getreu wiedergibt, sie mit einer versteckten Anrede an den Leser kommentiert:

Unwahr-
scheinlichkeit

> „und wie denn die Wahrscheinlichkeit nicht immer auf seiten der Wahrheit ist, so traf es sich, dass hier etwas geschehen war, das wir zwar berichten: die Freiheit aber, daran zu zweifeln, demjenigen, dem es wohlgefällt, zugestehen müssen" (90).

Ähnlichkeit
mit Lisbeth

Dass Kohlhaas „eine sonderbare Ähnlichkeit zwischen ihr und seinem verstorbenen Weibe Lisbeth bemerkte" (91), verleiht der Zigeunerin vollends einen übernatürlichen Charakter. Die Identität der Zigeunerin mit Kohlhaas' verstorbener Frau Lisbeth wird weiterhin durch ihre Zuneigung zu den Kindern und die Freundlichkeit des Hundes angedeutet, bis später ihre schriftliche Botschaft an Kohlhaas gar mit „Deine Elisabeth!" (95) unterzeichnet ist. Doch der Erzähler belässt es bei diesen Andeutungen und stellt es dem Leser frei, sich selbst eine Meinung über das Wesen der Zigeunerin zu bilden.

Rat der
Zigeunerin

Diese zeigt sich jedenfalls weiterhin Kohlhaas gegenüber freundlich, indem sie ihm Kunzens Absichten verrät und ihm rät,

> „‚[…] von dem Zettel den Gebrauch zu machen, zu
> welchem sie ihm denselben auf dem Jahrmarkt zu Jüter-
> bock eingehändigt, […] und den Zettel, der ihm selbst
> weiter nichts nutzen könne, für Freiheit und Leben an
> den Kurfürsten von Sachsen auszuliefern.' Kohlhaas, der
> über die Macht jauchzte, die ihm gegeben war, seines
> Feindes Ferse, in dem Augenblick, da sie ihn in den Staub
> trat, tödlich zu verwunden, antwortete: ‚Nicht um die
> Welt Mütterchen, nicht um die Welt!'" (92)

Mit dem Hinweis auf seine Kinder versucht die Zigeunerin, Kohlhaas von seinem Starrsinn abzubringen. Doch
Kohlhaas bleibt hart mit der bedenkenswerten Überlegung: „‚Wer mir sein Wort einmal gebrochen, […] mit
dem wechsle ich keines mehr.'" (ebd.) Wegen ihres eiligen Aufbruchs kann die Zigeunerin Kohlhaas seiner Bitte
nach der Mitteilung des auf dem Zettel Notierten nicht
mehr nachkommen. Zwei Beweggründe für Kohlhaasens
Verhalten sind festzuhalten: Zum einen misstraut er mit
gutem Grund der Verlässlichkeit des Kurfürsten, zum anderen ist er bereit, zur Befriedigung seines Racheverlan-
gens sein eigenes Leben zu lassen.

Möglichkeit der Rache

Nachdem der Kurfürst von Sachsen wegen seiner auf
dem Zettel prophezeiten Zukunft zwei Astrologen ver-
geblich zu Rate gezogen und ihn die Nachricht vom
Scheitern der Aktion seines Kämmerers erreicht hat,
reist er zu einem Scheinziel ab. Der Erzähler lässt den
Leser durch seine Andeutungen ahnen, dass er sich nach
Berlin begibt.

Reise des Kurfürsten

Kohlhaas hat nach der Verkündung des Todesurteils seinen inneren Frieden gefunden: „Demnach glich nichts
der Ruhe und Zufriedenheit seiner letzten Tage" (94).
Er darf Besuch seiner Freunde und Bekannten empfan-
gen und erhält von einem Abgesandten Luthers neben
einem Brief von diesem auch „die Wohltat der heiligen
Kommunion" (ebd.), die Luther ihm vormals wegen seiner Unversöhnlichkeit verweigert hatte. Dieses offen-
bare Symbol der Versöhnung stärkt Kohlhaas in seinem
Bewusstsein, dass er mit seinem Tod „die Welt wegen
des allzu raschen Versuchs, sich selbst in ihr Recht verschaffen zu wollen, versöhnen sollte" (95). Mit dieser
Läuterung findet Kohlhaas zu seiner früheren Charak-
tergröße zurück.

Innerer Friede für Kohlhaas

Hinrichtung

Nachricht
der Zigeunerin

Auf dem Weg zur Hinrichtung erreicht ihn eine schriftliche Botschaft der Zigeunerin, die deutlich macht, dass der übernatürliche Charakter der Zigeunerin auch erzähltechnisch bedingt ist. Sie weist ihn nämlich nicht nur auf die Anwesenheit und das Aussehen des sächsischen Kurfürsten hin, sondern weiß sogar dessen Absichten. Diese Informationen sind die Grundlage für Kohlhaasens folgendes Verhalten, können aber von einem normalen Menschen kaum gegeben werden.

Schluss-
steigerung

Die Szene auf dem Richtplatz ist effektvoll inszeniert. Durch diese Kulisse mit symbolischer Anordnung und Bedeutung werden zum Schluss noch einmal alle wichtigen Personen und Handlungsmomente konzentriert zusammengefasst. Auch die Handlung mit ihren verschiedenen Bewegungsrichtungen kommt zu einem Schlusspunkt. Kohlhaasens Bestreben nach Recht und Genugtuung wird erfüllt, er hat schließlich noch Gelegenheit zur persönlichen Rache und muss seinerseits für seine Verfehlungen Genugtuung leisten.

Genugtuung
für Kohlhaas

Seiner Klage in Dresden ist in allen Punkten stattgegeben worden. Er kann die wieder dickgefütterten Rappen, seine und seines Knechts Herses Geld und Sachen sowie eine Summe Geld als Schadensersatz in Empfang nehmen. Darüber hinaus erfährt Kohlhaas aus dem ihm ausgehändigten Gerichtsurteil von einer zweijährigen Gefängnisstrafe für den Junker Wenzel. Kohlhaas' Rache an seinem persönlichen Feind ist gelungen, so dass er äußern kann, „dass sein höchster Wunsch auf Erden erfüllt sei" (96). Seine Zufriedenheit lässt ihn seine letzte Habe großzügig verschenken. Seinerseits ist Kohlhaas

Sühne
durch Kohlhaas

aufgefordert und bereit, „kaiserlicher Majestät […] wegen des Bruchs ihres Landfriedens, [s]einerseits Genugtuung zu geben" (97). Seine Hinrichtung wird als Sühne für das von ihm begangene Unrecht verstanden.

Rache
am Kurfürsten

Noch unmittelbar vor der Hinrichtung hat Kohlhaas Gelegenheit, seine Rache, auch gegen den sächsischen Kurfürsten, zu vollenden. Er erkennt diesen an der ihm von der Zigeunerin bezeichneten Verkleidung in der Menschenmenge.

„Kohlhaas löste sich [...] die Kapsel von der Brust; er nahm den Zettel heraus, entsiegelte ihn und überlas ihn; und das Auge unverwandt auf den Mann mit blauen und weißen Federbüschen gerichtet, der bereits süßen Hoffnungen Raum zu geben anfing, steckte er ihn in den Mund und verschlang ihn. Der Mann mit blauen und weißen Federbüschen sank bei diesem Anblick ohnmächtig in Krämpfen nieder." (ebd.)

Indem Kohlhaas so das Vorhaben des Kurfürsten, bei seinem Leichnam den Zettel zu finden, zunichte macht, sich selbst in Besitz des Geheimnisses bringt, um es durch die Vernichtung des Zettels mit in den Tod zu nehmen, vollzieht er die moralische und seelische Vernichtung des Kurfürsten, die in dessen Ohnmacht und Krämpfen ihren symbolischen Ausdruck findet. Kohlhaas hat nach seiner Rache die moralische Überlegenheit gewonnen, sein Tod wird gewissermaßen Nebensache. Und tatsächlich erwähnt der Erzähler den Vollzug der Hinrichtung nur noch in einem Nebensatz. Kohlhaasens moralische Anerkennung zeigt sich in seiner anständigen Beerdigung auf einem Kirchhof, was man einem Hingerichteten normalerweise nicht gewährte, und in seiner posthumen Ehrung durch den Ritterschlag seiner Söhne.

In den letzten Sätzen schließt der Erzähler den nur angedeuteten Rahmen und weist auf die Nachgeschichte hin. Das Schicksal des Kurfürsten von Sachsen deutet er ganz geschickt an durch die Erwähnung seiner leiblichen und seelischen Zerrissenheit und dem Hinweis auf Geschichtsbücher. Dass er damit den Hinweis auf den Untergang von dessen Dynastie geben will, zeigt sich erst im letzten Satz, wo das Wörtchen „aber" den Gegensatz zu den noch länger lebenden Nachkommen Kohlhaasens schafft. Kohlhaas' Triumph setzt sich in der Zeit fort. Im aufmerksamen Leser weckt jedoch die Merkwürdigkeit, dass Kohlhaas' „frohe und rüstige Nachkommen" (98) im Mecklenburgischen und nicht in Sachsen oder Brandenburg lebten, eine verstörende Frage und Nachdenklichkeit: Warum?

Vernichtung des Kurfürsten

Kohlhaasens Ehrung nach dem Tod

Nachgeschichte

Thematische Aspekte

Psychologische Aspekte: Kohlhaas' Motive

„Das Rechtgefühl aber machte ihn zum Räuber und Mörder." (3) – Am Ende einer eingehenden Lektüre angelangt, hat sich dem Leser das rätselhafte Paradoxon des Eingangs einigermaßen aufgelöst. Er kennt nun den Zusammenhang zwischen Kohlhaasens ‚Tugend' und seinen ‚Ausschweifungen'. Abgesehen von den ungewollten Eskalationen der Gewalt sind die Ereignisse der Novellenhandlung im Wesentlichen durch die Aktionen und Reaktionen des Rosshändlers verursacht. Doch Kohlhaasens Verhalten wird man kaum als alltäglich bezeichnen können; in welchem Zustand befänden sich Gesellschaft und Welt, wenn jeder auf ein offenbares Unrecht an sich dermaßen radikal und militant reagieren würde?! Es lohnt sich also, die Person Kohlhaas genauer zu betrachten und nach ihren Beweggründen zu fragen. Welche Bedeutung hat sein gerühmtes Rechtsgefühl, oder handelt er aus boshafter Rache? Warum sträubt er sich gegen Vergebung, ist aber doch zur Sühne bereit? –

Märtyrer oder Paranoiker?

Ist Kohlhaas ein heroischer Märtyrer, ein „unnützer Querulant" (18) oder ein narzisstischer Paranoiker?

Das Rechtsgefühl

Kohlhaas' Rechtsgefühl

Unter Kohlhaas' zu Anfang dargestellten positiven Eigenschaften, die ihn als „das Muster eines guten Staatsbürgers" (3) erscheinen lassen, ist sein ausgeprägtes Rechtsgefühl, das – wie der Erzähler betont – „einer Goldwaage glich" (8), der für die Entfaltung und Austragung des Konflikts zentrale Charakterzug. Neben dieser Eigenschaft sind allerdings auch sein gesundes

Selbstbewusstsein und Stolz

Selbstbewusstsein als Bürger und sein menschlicher Stolz notwendige Bedingungen für sein Verhalten. Auf diese Eigenschaften weist der Erzähler nicht ausdrücklich hin, doch kann der Leser sie sich aus Kohlhaas'

Verhalten leicht erschließen. Wer als Bürgerlicher von vornherein den mehr oder weniger hochgestellten Adligen und Staatsbeamten so begegnet, wie Kohlhaas es tut, leidet keinesfalls an Minderwertigkeitsgefühlen. Zu keiner Zeit, weder bei Luther noch bei seiner Hinrichtung, zeigt Kohlhaas eine auch nur annähernd devote Haltung. Diesen Stolz erwirbt er nicht erst im Verlauf der Auseinandersetzungen, sondern er ist ihm von Anfang an zu eigen; er lässt sich z. B. nicht vom Schlossvogt und seinen Schimpfereien einschüchtern, sondern geht der Sache beim Junker persönlich auf den Grund.

Mit etwas weniger selbstbewusstem Stolz gesegnet, hätte er die Rechtsverletzungen, Beleidigungen und Willkür des Junkers und seines Schlossvogts spätestens nach seiner ersten Abweisung durch die Gerichte vielleicht enttäuscht oder grimmig, aber doch hingenommen. Doch so tritt er seinen Weg durch die Instanzen an, denn er fühlt sich durch die Ungerechtigkeiten und Willkür am Tronka'schen Schlosse in seiner Würde angegriffen und verletzt: „er hätte gleichen Schmerz empfunden, wenn es ein Paar Hunde gegolten hätte" (18). Er fühlt sich durch die „erlittene Kränkung" (10) im übertragenen Sinne „von Füßen getreten" (21). Sein Rechtsgefühl und sein Stolz wirken somit zusammen, wenn seine weise und gelassene Erkenntnis von „der allgemeinen Not der Welt" (7) über den „Schmerz, die Welt in einer so ungeheuren Unordnung zu erblicken," (19) zum Bewusstsein gelangt, dass „er mit seinen Kräften der Welt in der Pflicht verfallen sei, […] Sicherheit für zukünftige [Kränkung] seinen Mitbürgern zu verschaffen" (10). Seine Seele ist „auf große Dinge gestellt" (19). Kohlhaas streitet ums Prinzip. Bis hierhin ist sein Verhalten durchaus noch durch sein stark ausgeprägtes Rechtsgefühl zu erklären, welches ihm auch den falschen Anschein der Gerechtigkeit unerträglich macht:

Verletzung seiner Würde

> „Denn nichts missgönnte er der Regierung, mit der er zu tun hatte, mehr, als den Schein der Gerechtigkeit, während sie in der Tat die Amnestie, die sie ihm angelobt hatte, an ihm brach; und falls er wirklich ein Gefangener sein sollte, wie es keinem Zweifel mehr unterworfen war, wollte er derselben auch die unumwundene Erklärung, daß es so sei, abnötigen." (65)

In dem Moment jedoch, da er mit seinem Feldzug gegen den Junker Unbeteiligte einbezieht und zu Schaden bringt, muss er mit seinem eigenen Rechtsgefühl in Konflikt geraten. Diesen Konflikt versucht er durch seine Selbstrechtfertigung für sich zu lösen:

Selbst-
rechtfertigung

> „Verstoßen […] nenne ich den, dem der Schutz der Gesetze versagt ist! […] und wer ihn mir versagt, der stößt mich zu den Wilden der Einöde hinaus; er gibt mir […] die Keule, die mich selbst schützt, in die Hand" (39 f.).

Verstoßung aus
der Gemeinschaft

Eine Gemeinschaft, die ihm den Anspruch auf den Schutz ihrer Gesetze, das Recht, verweigert, kann ihrerseits auch keinen Anspruch auf seine Gerechtigkeit erheben. Mit dieser pauschalen Stellungnahme gegen die Gemeinschaft verwirkt Kohlhaas sich wohl den Anspruch auf den Vergleich seines Rechtsgefühls mit einer Goldwaage, hier wird erheblich gröber gewogen.

Trotzdem kann man auch im Hinblick auf seine verübten Untaten Kohlhaas das Rechtsgefühl nicht absprechen, denn genau so wie er für sich Genugtuung fordert, ist er auch bereit, Genugtuung zu geben. Bereits bei Luther räumt er ein: „Der Krieg, den ich mit der Gemeinheit der Menschen führe, ist eine Missetat, sobald ich aus ihr nicht, wie ihr mir die Versicherung gegeben habt, verstoßen war" (39). Er ist bereit, durch seine Hinrichtung „die Welt wegen des allzu raschen Versuchs, sich selbst in ihr Recht verschaffen zu wollen, [zu] versöhnen" (95).

Genugtuung

Den Vorwurf der Ungerechtigkeit, den Luther gegen ihn erhebt, mag er nicht auf sich sitzen lassen: „Luther […] fragte: was willst du? […] Eure Meinung von mir, dass ich ein ungerechter Mann sei, widerlegen!" (39) Und das macht deutlich, wie gerade dieses so stark ausgeprägte Rechtsgefühl in Verbindung mit seinem Stolz ihn verletzbar macht.

Verletzbarkeit
durch
Rechtsgefühl

Rache

Kohlhaasens Charakterstärke führt somit durch ihr Übermaß zur Schwäche. Seine persönliche Identifikation mit dem Kampf fürs Recht lässt einen Rechtsverstoß zur persönlichen Kränkung werden, die er mit seinem Stolz keinesfalls vereinbaren kann. Persönliche

Beleidigungen stilisiert er zu Fragen von allgemeiner Bedeutung hoch, er vermengt die Sphäre des Persönlichen mit der des öffentlichen Interesses.

Erschwerend kommt zu den Verletzungen seiner Persönlichkeit durch den Junker und die Willkür der übergeordneten Rechtsinstanzen der Verlust seiner Frau hinzu. Nachträglich möchte er diesem eine höhere Bedeutung verleihen: „Es hat mich meine Frau gekostet; Kohlhaas will der Welt zeigen, dass sie in keinem ungerechten Handel umgekommen ist." (41) Seine Forderung bei den juristischen Instanzen nach Genugtuung – ein Begriff, der an die Duell- und Fehdepraxis erinnert – kann bei solch starker Vermengung mit emotionalen Bereichen und persönlichen Interessen nicht mehr von einem Bedürfnis nach persönlicher Rache getrennt werden. Noch ehe er alle möglichen juristischen Instanzen bemüht hat – Kohlhaas hätte ebenso wie der sächsische Kurfürst die kaiserliche Rechtsprechung anrufen können –, greift Kohlhaas zur Selbstjustiz „und übernahm sodann das Geschäft der Rache" (25). Denn bei seinen folgenden Aktionen gegen den Junker lässt er sich zu sehr von der persönlichen Wut leiten, als dass er noch Anspruch auf einen vorbildlichen Kampf fürs Recht erheben könnte. So will er über den von der Tronkenburg „Hergeholten, wenn er bei Erfüllung des Rechtsschlusses in den Ställen von Kohlhaasenbrück faul sei, [den Knecht] die Peitsche fühlen" (ebd.) lassen. Sein Vorhaben gegenüber dem Kurfürsten, „ich aber kann dir weh tun, und ich wills" (81), führt er noch kurz vor seiner Hinrichtung aus, als seinen Forderungen juristisch längst entsprochen worden ist. Auch widerspricht er Luthers Vorwurf der eigenmächtigen Selbstrache (vgl. 40) keineswegs. Kohlhaas ist sich selbst im Klaren, dass er sich weitgehend vom Motiv der Rache leiten lässt.

Er konzentriert seine Rache auf zwei Objekte, den Junker und den sächsischen Kurfürsten, die im juristischen Sinne eine Verantwortung für die Untaten ihrer Untergebenen tragen, aber einen so unbedingten Hass kaum verdienen. Zwar haben sie sich durch Beleidigung, Wortbruch und Duldung von Missständen gegenüber Kohlhaas schuldig gemacht, doch haben ihre jeweiligen Untergebenen, der Schlossvogt und die Tronkas, viel stärker und direkt gegen Kohlhaas agiert. Doch den Schlossvogt

Persönliche Rache und Selbstjustiz

Rache am Junker

Rache am Kurfürsten

trifft die Rache von Kohlhaas und seinen Männern nur nebenbei, Hinz und Kunz von Tronka werden an keiner Stelle als Objekte seiner Rache erwähnt. Auch hierin zeigt sich, wie Kohlhaas' Psyche die Bewältigung des inneren Konfliktes zwischen persönlicher Rache und Rechtsgefühl durch eine Verklärung seines Handelns leistet. Rache und politische Auseinandersetzung konzentrieren sich auf ein Ziel.

Stilisierung der Rache

Indem Kohlhaasens Racheaktionen so eine politische Dimension erhalten, und er nach einiger Zeit wegen „der Unzufriedenheit, die wegen der Unziemlichkeiten des Kämmerers im Lande herrschte," (47) die Sympathie und Solidarität der Bevölkerung erfährt, eskaliert die gesamte Affäre, die schließlich in keinem Verhältnis zwischen Anlass und Ergebnis mehr steht. Klar wird dies in der Abdeckerszene vom Volk gesehen, wenn es sich „unter unendlichem Gelächter zurufend, dass die Pferde schon, um derenthalben der Staat wanke, an den Schinder gekommen wären," (52) noch amüsiert. Doch später empört man sich mit einigem Recht über die „Befriedigung seines [d. i. Kohlhaasens] rasenden Starrsinns" (58).

Eskalation

Kohlhaas hat im Verlaufe seines Kampfes Unschuldige in die Affäre verwickelt und alles Maß verloren. Bei seinem Rachefeldzug steigert er den zur Rechtfertigung vor sich selbst vorgeschobenen Kampf für die gute Sache bis hin zur pathologischen Dimension. Ein dermaßen unbedingter und rücksichtsloser Kampf kann eigentlich nur noch mit einer Wahnvorstellung vor sich vertreten werden. Kohlhaas erliegt einer Gerechtigkeitsparanoia, die ihn auch zum anmaßenden Anspruch, „Statthalter Michaels des Erzengels" (35) zu sein, verleitet. Vielleicht hat diese zum Wahn gesteigerte Gerechtigkeitsidee ihren Grund in einem verletzten Narzissmus; Kohlhaas will Recht behalten. Er kann die Infragestellung seines Rechtsanspruchs nicht mit seiner starken Eigenliebe vereinbaren, dies käme einer Infragestellung seiner Persönlichkeit gleich. Das selbstbezogene Ich wehrt sich mit einer übersteigerten Wut. Jedenfalls gleicht Kohlhaas hierin den politisch-sozialen oder religiösen Fanatikern mit ihren rücksichtslosen Zügen und ihrem unduldsamen Eifer im Einsatz für eine höhere Idee; Zurückhaltung und Bescheidenheit war deren Sache nie und hätte ihrem Anliegen auch kaum gedient.

Pathologische Züge

Paranoia

Narzissmus

Doch Kohlhaas erliegt seiner Paranoia nicht vollkommen. Luthers Plakat lässt ihn wieder zu sich finden, denn „mehr als dieser wenigen Worte bedurfte es nicht, um ihn in der ganzen Verderblichkeit, in der er dastand, plötzlich zu entwaffnen" (38).

Vergebung

Als Kohlhaasens Frau Lisbeth stirbt, fordert sie ihren Mann mit einer religiösen Begründung zur Vergebung für seine Feinde auf. Zu diesem Zeitpunkt wird es den Leser noch einigermaßen überraschen, dass Kohlhaas trotz seines als so vorbildlich gezeichneten Charakters, obwohl er seine Kinder „in der Furcht Gottes" (3) erzog, diesen letzten Willen seiner Frau ablehnt. In dieser Phase seiner charakterlichen Wandlung wird auch keine nähere Begründung für seine Haltung gegeben.

Lisbeths Forderung nach Vergebung

Auch Luther fordert Kohlhaas zur Vergebung auf und macht sogar die Abnahme der Beichte und die Spende der Kommunion von dieser abhängig. Wieder weigert sich Kohlhaas, dem Junker zu vergeben. Dass er zur Vergebung für den Kurfürsten bereit ist, zeigt, dass dieser erst später durch seinen Wortbruch zum Objekt von Kohlhaasens bedingungsloser Rache wird. – Diesmal wird jedoch eine Begründung angedeutet: „der Herr auch vergab allen seinen Feinden nicht" (42). Diese Stelle bedarf der weiteren Auslegung. Ohne konkret auf eine bestimmte Bibelstelle zu verweisen, beruft sich Kohlhaas auf das Bild eines rächenden Gottes. Schon einmal ist in der Novelle die göttliche Rache durch den Vergleich des Erzählers mit dem „Engel des Gerichts" (26) angeklungen. Ohne auf eine bestimmte Bibelstelle verwiesen zu sein, wird der Leser sich unschwer einige Bibelstellen ins Gedächtnis rufen können, an denen der Gott der Christen sich als rächender Gott offenbart: die Sintflut, Babel, die Apokalypse. Gott unternimmt es durchaus, das Böse in der Welt radikal auszutilgen, um Platz für den Neubeginn des Guten zu schaffen.

Luthers Forderung nach Vergebung

Der rächende Gott

Aus diesem Gedanken heraus lehnt auch Kohlhaas die allseitige Vergebung ab. Er weiß, dass die Liebe Gottes mit strafendem Zorn und dem Jüngsten Gericht verbunden ist. Absolute Gnade würde jede ethische Verpflichtung und somit jedes Sittengesetz als Grundlage jeder menschlichen Gemeinschaft aufheben. Von da her bezieht er den Glauben an seine ethische und religiöse Berechtigung zum Kampf. Eine ungerechte und böse Obrigkeit begreift er als teuflischen Ursprungs. Sein Kampf erhält somit zusätzlich eine religiöse Dimension. Luther weiß hierauf nichts Rechtes zu antworten.

Kampf gegen das Böse

Sühne

Kohlhaas bewahrt sich jedoch bis zum Schluss sein Rechtsgefühl, das ihn das begangene Unrecht genau erkennen lässt. Er ist seinerseits bereit, für diese Rache zu bezahlen und Sühne zu leisten. Nach der vorübergehenden paranoischen Verwirrung ist sein Charakter am Ende geläutert. Ohne Widerrede akzeptiert er das Todesurteil und verbringt die Tage bis zur Hinrichtung in „Ruhe und Zufriedenheit" (94). Diese Läuterung erinnert an Kleists Drama „Der Prinz von Homburg", dessen Titelheld ebenfalls von ihm begangenes Unrecht einsieht und das darauf begründete Todesurteil akzeptiert. Wo dem Prinzen von Homburg für seine moralische Größe die weltliche Begnadigung durch den Fürsten zuteil wird, empfängt Kohlhaas durch „die Wohltat der heiligen Kommunion" (ebd.) die seelische Tröstung und göttliche Gnade. Diese Läuterung wird ihm durch die Befriedigung, dass ihm nun endlich durch die Gerichte Recht geschieht, erleichtert. Sie erspart dem sächsischen Kurfürsten jedoch nicht Kohlhaasens persönliche Rache.

Bereitschaft zur Sühne

Göttliche Gnade

Rechts- und staatsphilosophische Aspekte:
Recht – Gewalt – Widerstand

> „‚Heilloser und entsetzlicher Mann!' rief Luther, […]: ‚wer gab dir das Recht, den Junker von Tronka in Verfolg eigenmächtiger Rechtsschlüsse, zu überfallen, und da du ihn auf der Burg nicht fandst, die ganze Gemeinschaft heimzusuchen, die ihn beschirmt?'" (39)

Hiermit lässt Kleist Luther eine der zentralen Fragen der Novelle und an die Novelle formulieren. Durch das Kreisen um diese Frage in der Debatte zwischen Kohlhaas und Luther wird die Luther-Szene zu einem wichtigen Dreh- und Angelpunkt. Aus dem Spannungsverhältnis zwischen dem an Kohlhaas begangenen Unrecht und seinen Reaktionen sowie seiner späteren Bestrafung erwachsen verschiedene Fragen: In welchem Verhältnis stehen Recht und Gewalt zueinander? Welche muss als die höchste Rechtsinstanz Geltung haben? Gibt es ein Recht, vielleicht gar eine Pflicht zum Widerstand gegen Rechtsbeugungen und -verstöße der Obrigkeit?

„Weil ich in einem Lande, liebste Lisbeth, in welchem man mich mit meinen Rechten nicht schützen will, nicht bleiben mag." (21) So deutet Kohlhaas seiner Frau gegenüber seine Auffassung von Recht und Staat an. An späterer Stelle, in der Luther-Szene, wird er deutlicher:

> „Verstoßen [...] nenne ich den, dem der Schutz der Gesetze versagt ist! Denn dieses Schutzes, zum Gedeihen meines friedlichen Gewerbes, bedarf ich; ja, er ist es, dessenhalb ich mich mit dem Kreis dessen, was ich erworben, in diese Gemeinschaft flüchte; und wer ihn mir versagt, der stößt mich zu den Wilden der Einöde hinaus." (39f.)

Dieser teils überkommenen, teils sehr modernen Auffassung über Wesen und Aufgabe von Recht und Staat stellt Luther in seiner Replik die Idee eines Gottesgnadentums entgegen: „wer anders als Gott darf ihn [d. i. den Landesherrn] [...] zur Rechenschaft ziehen, und bist du, gottverdammter und entsetzlicher Mensch, befugt, ihn zu richten?" (40) Die beiden einander entgegengesetzten Auffassungen, die Kleist in dieser zentralen Szene miteinander konfrontiert, sind in zweierlei Perspektiven zu betrachten: Welche Bedeutung haben sie für die Zeitebene des Textes, die Lutherzeit mit ihrem frühen Absolutismus, und welche Bedeutung haben sie für die Entstehungszeit des Textes, das beginnende 19. Jahrhundert, die Zeit kurz nach der Französischen Revolution?

Kohlhaas sieht den Schutz des Einzelnen mit seinen gewerblichen Betätigungen als erste Aufgabe von Recht und Staat an. Wenn er die Möglichkeit des Einzelnen, sich aus freien Stücken in den Schutz dieser Gemeinschaft zu begeben, betont, klingt darin die staatsphilosophische Vertragstheorie an. Gemeinschaft entsteht für ihn überhaupt erst durch das gemeinsame Gefüge von Gesetzen zum Schutz der einzelnen Mitglieder, deren Gegenleistung für diese Schutzfunktion der Gemeinschaft er nicht erwähnt. Wenn die Gemeinschaft dem Einzelnen den Schutz der Gesetze verwehrt, kommt das für Kohlhaas einem Ausschluss aus ihr gleich, wodurch

auch der Einzelne nicht mehr an ihre Gesetze gebunden ist. Dies ist seine Selbstrechtfertigung für seine Gewaltaktionen, die auch Unbeteiligte treffen. Die Bedingtheit seines Handelns ist ihm bewusst: „Der Krieg, den ich mit der Gemeinheit der Menschen führe, ist eine Missetat, sobald ich aus ihr nicht, wie ihr mir die Versicherung gegeben habt, verstoßen war!" (39) Als ihm bewusst wird, dass diese Voraussetzung nicht gegeben ist, kehrt er sofort in die Gemeinschaft zurück.

Die Vertragstheorie stellt einen Versuch der Staatsphilosophie dar, Staat und Staatsgewalt in ihrem Ursprung zu ergründen, zu rechtfertigen und zu begründen. Der Staat wird in dieser Theorie als Vertrag zwischen Volk und Herrscher mit bestimmten Bedingungen, Leistungen und Gegenleistungen aufgefasst. In der mittelalterlichen Feudalordnung auf der Grundlage von Belehnung, Dienstleistung und gegenseitiger Treue wird dieses Vertragsverhältnis noch am greifbarsten. Der Absolutismus sieht den Gesellschaftsvertrag in der Unterwerfung des Volkes unter den absoluten Herrscher von Gottes Gnaden, der über den Rechten steht, dem Volk jedoch seinen Schutz und Frieden bietet. Die Aufklärung versteht den Gesellschaftsvertrag als fiktive Willenserklärung freier und gleicher Menschen. Die englischen Philosophen und Staatstheoretiker Thomas Hobbes (1588–1679) und John Locke (1632–1704) sehen Gesellschaft und Staat als Vertrag freier Individuen auf der Grundlage der aktiven Teilnahme der besitzenden Bürger an der Ausübung der Staatsgewalt. Für den französischen Philosophen Jean-Jacques Rousseau (1712–1778) bleibt die Staatsgewalt dem Volke unterworfen, der Herrscher muss gemäß dem allgemeinen Willen handeln. Die Ideen der Aufklärung wurden vor allem durch die Ereignisse der Französischen Revolution für die politische Wirklichkeit bedeutsam. Kohlhaas steht mit seinem Konzept vom freien Individuum, das sich freiwillig zum Schutz in die Gemeinschaft begibt und durch deren Verweigerung von gesetzlichem Schutz aus dieser verstoßen werden kann, den Ideen der Aufklärung sehr nahe, seine Position passt streng genommen nicht in die Zeitebene der Handlung. Kleist projiziert eine selbst um 1800 fortschrittliche Position auf eine historische Persönlichkeit und bezieht so Stellung zu den zu seiner Zeit aktuellen politischen Problemen in Deutschland. Zentrales Thema dieser Jahre war die Auseinandersetzung mit den Gedanken, Ereignissen und Folgen der Französischen Revolution. Kohlhaas der Rosshändler bot sich als Identifikationsfigur für die tragende gesellschaftliche Schicht der Zeit, das besitzende Bürgertum, für eine solche Projektion bestens an.

Kohlhaas vertritt Ideen der Aufklärung

Die moderne Auffassung des freien und selbstbewussten Bürgers begegnet wirkungsvoll Luthers Konzept vom Gottesgnadentum, das makellos in die historische Lutherzeit passt. Er spricht dem Menschen das Recht ab, über den von Gott eingesetzten Herrscher zu richten. Dass Luther scheinbar in der Argumentation unterlegen ist und dieser Erkenntnis Ausdruck verleiht, indem er „mit einem verdrießlichen Gesicht, […] die Papiere, die auf dem Tisch lagen, übereinander[warf] und schwieg" (40), kann womöglich als Indiz für Kleists politische Sympathien gewertet werden, die offensichtlich aufseiten Kohlhaasens sind.

Luther als Anwalt des Absolutismus

Die Vertragstheorie führt jedoch noch zu weitergehenden Fragen: Welches ist das Wesen von Recht, und wie kommt es zustande? Auf welcher Grundlage kann das Individuum als frei und gleich begriffen werden?

Wesen von Recht?

Die Rechtsphilosophie unterscheidet positives und natürliches Recht. Unter positivem Recht ist Gewohnheitsrecht und von der Staatsgewalt (fest)gesetztes Recht zu verstehen. Die Frage nach der Berechtigung und Begründung des positiven Rechts lässt sich teils durch seine historische Herleitung lösen, wird zum Teil aber auch abgelehnt; für die rechtsphilosophische Richtung des Rechtspositivismus ist das positive Recht über den Nachweis seines verfassungsmäßigen Zustandekommens hinaus einer Begründung weder fähig noch bedürftig.

Positives Recht

Das Konzept des Naturrechts stellt einen möglichen Versuch der Herleitung und Begründung von Recht durch den Bezug auf eine höhere Rechtsquelle dar. Naturrechte sind dem Menschen angeborene, in seinem Wesen

Naturrecht

und seiner Natur begründete Rechte. Sie sind unabhängig von Alter, Geschlecht, Stellung in der Gesellschaft, Ort, Zeit und staatlicher Ordnung. Sie beanspruchen für sich eine höherrangige Gültigkeit als das positive Recht. Während sie früher vornehmlich durch göttliche Prinzipien begründet wurden und vor allem für die Philosophie, für die Praxis jedoch kaum relevant waren, begründet die Aufklärung sie mit dem richtigen Gebrauch der Vernunft. John Locke nennt Freiheit, Gleichheit und Unverletzlichkeit von Person und Eigentum als natürliche Rechte des Menschen und erhebt sie zu höchsten Rechtsgütern. Mit der Aufklärung erlangen die Naturrechte erstmals politische Bedeutung, indem sie in die amerikanische Verfassung aufgenommen werden und die Französische Revolution „Liberté, égalité et fraternité" zu ihren Grundsätzen erhebt. Naturrechte waren somit ein wichtiges Mittel und Ziel des Bürgertums im Kampf gegen das Feudalsystem und den Absolutismus.

Legalität und Moralität

Mit seinen Begriffen Legalität und Moralität führt der deutsche Philosoph Immanuel Kant (1724–1804) die Dichotomie von natürlichem und positivem Recht weiter. Legalität bedeutet hierbei die äußere, formale Übereinstimmung der Handlungen des Einzelnen oder des Staates mit konkreten gesetzlichen Ordnungen ohne die Berücksichtigung der inneren Einstellung des Handelnden zum Recht und seiner Handlungsmotive. Moralität meint im Gegensatz hierzu die wahre Sittlichkeit des Handelns, d.h. die Übereinstimmung des Willens des Handelnden mit dem Sittengesetz als der obersten Norm zur Begründung und Beurteilung menschlichen Handelns. Moralisch korrektes Handeln wird zur inneren Pflicht des vorbildlichen Bürgers.

Naturrecht in „Michael Kohlhaas"

In der Darstellung von Kohlhaas' Charakter drückt sich mehrfach die aufklärerische Idee der Naturrechte aus: Kohlhaas wird als souveräne, selbstbewusste Persönlichkeit geschildert, die zu vernünftigem Handeln fähig ist. Er ist bereit, zunächst juristisch, später mit Gewalt um sein Recht auf Besitz zu kämpfen. Durch sein Auftreten vor Gericht mit einer Klage gegen einen Junker fordert er seine Gleichberechtigung. Die Verweigerung seiner Rechte kommt ihm einer Demütigung seiner souveränen Persönlichkeit gleich: „Lieber ein Hund sein, wenn ich mit Füßen getreten werden soll, als ein Mensch!"

(21). Er bedarf seiner natürlichen Rechte für ein menschenwürdiges Dasein. Sein ausgeprägtes „Rechtsgefühl, das einer Goldwaage glich" (8) und das ihn zunächst vor Überreaktionen bewahrt, garantiert seine moralische Überlegenheit über Junker und Fürsten. Während auch der als positiv dargestellte brandenburgische Kurfürst und der Kaiser für sich bestenfalls die Kategorie der Legalität beanspruchen können, nähert sich Kohlhaas bereits Kants Vorstellung von Moralität an, indem „er mit allen seinen Kräften der Welt in der Pflicht verfallen sei, sich Genugtuung für die erlittene Kränkung und Sicherheit für zukünftige seinen Mitbürgern zu verschaffen" (10). Dadurch dass er den Kampf für die Einhaltung von Recht und Gesetz als seine Pflicht ansieht, beweist er die Übereinstimmung seines Willens mit dem Sittengesetz. Die Figur Kohlhaas gerät Kleist zum Idealbild des aufgeklärten Menschen.

Kampf für Recht und Gesetz als innere Pflicht

Inwiefern kann er jedoch nach dem Versagen der juristischen Instanzen seine gewaltsamen Aktionen mit den moralischen Kategorien des Sittengesetzes vereinbaren? Zum einen kann die Wahrung eines natürlichen Rechts es notwendig werden lassen, ein positives Recht außer Kraft zu setzen. So kann z. B. das Recht auf Leben erfordern, in Notwehr Gewalt anzuwenden. Zum anderen ist grundsätzlich nach dem Verhältnis von Recht und Gewalt zu fragen.

Naturrecht und Gewalt

Um das Funktionieren von Recht als System von allgemeinverbindlichen Verhaltensnormen zu gewährleisten, bedarf es institutionalisierter und organisierter Verfahren zum Erzwingen seiner Einhaltung. Im Falle der Nichteinhaltung von Gesetzen drohen Sanktionen, als äußerstes Mittel zur Garantie von Recht ist Gewalt zu nennen. „Alle Gewalt ist als Mittel entweder rechtsetzend oder rechtserhaltend." (Walter Benjamin, „Zur Kritik der Gewalt", zit. nach: Materialien 1979, S. 190) Wenn die Androhung von Gewalt für den Fall der Rechtsverletzung zur Garantie von Recht dient, dient Gewalt damit gleichzeitig bereits zur Schaffung von Recht. „Rechtsetzung ist Machtsetzung und insofern ein Akt unmittelbarer Manifestation der Gewalt." (Ebd., S. 198) Am deutlichsten zeigt dies das Recht des Stärkeren oder das Faustrecht: Wer über die größte physische Gewalt, also Macht, verfügt, bestimmt, was als Recht zu gel-

Gewalt als Rechtsgarantie

ten hat und was er als Unrecht zu bestrafen gewillt ist. Wenn die Macht, das kann die zur Verfügung stehende Gewalt sein, hinreicht, kann ein Einzelner, eine Gruppe oder der Staat sie auch zur Rechtsbrechung einsetzen. Die herrscherliche Willkür eines Despoten oder totalitärer Staaten zeigt dies.

Widerstand
bei Vertrags-
verletzung

Wie der Staatsmacht die Gewalt als Mittel zur Garantie die Einhaltung des Gesellschaftsvertrages von oben gegeben ist, sieht die Vertragstheorie, die auf dem Konzept von Naturrecht basiert, für den Einzelnen und kleine oder größere Gruppen den Widerstand als Möglichkeit vor, die Einhaltung des Gesellschaftsvertrages von unten her einzufordern. Wenn also die Gesellschaft ihrer Pflicht, dem Schutz des Einzelnen durch die Gewährung seiner Rechte, nicht mehr genügen kann oder will, muss der Einzelne selbst für seine Rechte kämpfen. Auf diesem Widerstandsrecht gegen die Gesellschaft besteht Kohlhaas: „er gibt mir, wie wollt ihr das leugnen, die Keule, die mich selbst schützt, in die Hand" (40).

Kollektiver
Widerstand

Doch dieses Widerstandsrecht ist als kollektives Recht gedacht. Ein Volk oder eine größere Gruppe kann sich gegen eine als untragbar empfundene Obrigkeit erheben. Wenn diese Erhebung sich gegen die Gewalt des Herrschers behaupten und durchsetzen kann, wirkt die Gewalt des Volkes rechtsetzend. Das Volk als Inhaber der größeren Macht erhebt seinen Willen zum Gesetz

Revolte
und Umsturz

(vgl. Exkurs, S. 64 f.).

Kohlhaas kann sich jedoch nicht der dauernden Unterstützung des Volkes oder einer Bevölkerungsgruppe versichern. Sein Aufbegehren bleibt die Aktion eines Einzelnen und wird trotz zeitweiliger Ausdehnung zu keiner Zeit zu einer Volkserhebung. Das mittelalter-

Feudalrecht

liche Feudalrecht sah für solch einen Fall des Treubruchs durch den Herren das Widerstandsrecht des Mannes vor. Dieser Konflikt konnte in Form einer Fehde ausgetragen werden. Kohlhaasens Feldzug gegen den Junker trägt

Fehde

viele Züge einer solchen Fehde, auch seine Forderung nach Genugtuung erinnert an das Vokabular des Duell- und Fehdewesens. Die Fehde war jedoch selbst im Mittelalter ein Privileg der Adligen. Dies mag der Grund

Selbst-
nobilitierung

sein, warum Kohlhaas sich selbst nobilitiert. Beginnend mit dem Begräbnis seiner Frau, „das weniger für sie als für eine Fürstin angeordnet schien" (25), eignet er sich zunehmend Sprache, Gebaren und Attribute eines Fürsten an. Er erlässt Mandate, maßt sich eine ‚provisorische Weltregierung' an, lässt sich ein Cherubsschwert vorantragen und entscheidet als Richter über Leben und Tod (vgl. 38).

Da Kohlhaas jedoch als Einzelner gegen eine bestehende Macht kämpft und keine Aussicht hat, diese Macht absetzen zu können, kann er nie, auch wenn er sein Ziel erreicht, seine Gewalt im Nachhinein durch eine Änderung des Rechts in seinem Sinne legitimieren. Allein ein Aufstand in größerem Rahmen, der die bestehende Herrschaft ersetzt hätte, hätte dies erreichen können. So muss Kohlhaas trotz der Erreichung seines Zieles durch seinen gewaltsamen Widerstand für seine Gewalt bezahlen. Er wird von der bestehenden Macht mit der äußersten Anwendung von Gewalt, der Tötung, bestraft.

Bestrafung für Kohlhaas

Die Rechtsproblematik beinhaltet also verschiedene historische Auffassungen. Im Wesentlichen vertritt Kohlhaas als Zeitgenosse des frühen Absolutismus jedoch Positionen, die in der Zeit um 1800 als modern und fortschrittlich eingeschätzt werden müssen. Da diese nachaufklärerischen und antiabsolutistischen Ideen mit dem bestehenden Absolutismus in Konflikt geraten, üben sie implizit Kritik an dessen Grundlagen und Auffassungen. Um 1800 ist der Absolutismus noch keineswegs überwunden oder abgeschafft, folglich muss diese Kritik auch an den Um- und Zuständen der Kleist-Zeit Anwendung finden. Durch den historischen Transfer und die Überlagerung der beiden Zeitebenen Entstehungszeit und dargestellte Zeit gelingt Kleist somit eine subtile Kritik an zeitgenössischen Zuständen.

Kritisches Potential

Politische Aspekte: Kritik an Staat und Gesellschaft

Kohlhaas, der dem Leser zu Beginn als „Muster eines guten Staatsbürgers" (3) vorgestellt wird, misstraut dem Kurfürsten am Ende gänzlich: „Wer mir sein Wort einmal gebrochen […], mit dem wechsle ich keins mehr" (92). Diese Wandlung in der Einstellung gegenüber dem Staat ist verursacht durch die Erfahrung mit dem Zustand dieses Staates. Bereits im vorangegangenen Abschnitt wurde deutlich, dass, wenn man die Überlagerung der beiden Zeitebenen Entstehungszeit und dargestellte Zeit der Novelle erkennt, die rechtlichen Aspekte einiges an kritischem Potential für die Zeit Kleists bergen. Auch hinsichtlich der politischen Aspekte muss dieser Transfer im Auge behalten werden.

Überlagerung der historischen Ebenen

Bereits bei seiner ersten Begegnung mit einem Repräsentanten der Obrigkeit am Tronka'schen Schloss macht Kohlhaas schlechte Erfahrungen. Dort hatte er eigentlich die in seiner Erinnerung als vorbildlich abgebildeten Zustände erwartet:

> „Ein würdiger alter Herr, der seine Freude am Verkehr der Menschen hatte, Handel und Wandel, wo er nur ver mochte, forthalf, und einen Staudamm einst bauen ließ, weil mir eine Stute draußen, wo der Weg ins Dorf geht, das Bein gebrochen" (3 f.).

Aufgabe des Staates

Hierin sieht Kohlhaas Aufgabe und Sinn der staatlichen Obrigkeit. Um sich ganz seinem ‚friedlichen Gewerbe' widmen zu können braucht er einen solchen Schutz, für den er selber nicht sorgen kann. Diese enttäuschte Erwartung Kohlhaasens lässt ihn die Missstände auf der Burg noch krasser als solche empfinden.

Schwäche des Junkers

Der eigentliche Herr der Burg scheint, falls er dazu überhaupt willens ist, nicht in der Lage zu sein, dem Handeln seines Vogts und Verwalters Einhalt zu gebieten. Die beiden setzen alles daran, sich und den Junker auf Kosten anderer zu bereichern. Der Junker selbst wird nie bei einer ernsthaften oder nützlichen Beschäftigung dargestellt, sondern ist in erster Linie um sein Vergnügen besorgt; entweder kommt er gerade von einer Jagd zurück oder wird in geselliger Runde beim Zechen angetroffen. Statt als schützende Institution aufzutreten, wird der Junker mit seinem Gefolge zur Instanz, vor der die Bevölkerung geschützt werden muss. Kohlhaas hört „überall, wo er einkehrte, von den Ungerechtigkeiten [...], die täglich auf der Tronkenburg gegen die Reisenden verübt wurden" (10).

Missstände am Hof

Der Hof in Dresden bietet kein wesentlich anderes Bild. Das Hofgericht in Dresden verweigert Kohlhaas sein Recht, und als Grund hierfür ist, im wahrsten Sinne des

Wortes, Vetternwirtschaft ausschlaggebend. Der Junker von Tronka ist mit dem Kämmerer und dem Mundschenk des Kurfürsten verwandt. Doch selbst diese verwandtschaftliche Beziehung ist materiellen Interessen unterworfen; der Verwandtschaftsgrad „L e h n s vetter" deutet dies an, und als sich die Untaten des Junkers zu ihren Ungunsten auszuwirken drohen, begegnen die beiden Dresdner Tronkas ihrem Vetter recht kühl. Auch am Hof selbst sind die Hofbeamten durch verwandtschaftliche oder freundschaftliche Beziehungen eng miteinander verbunden. Der Kurfürst macht keine Ausnahme, und die Beziehungen reichen bis an den Berliner Hof.

Bei der Verhandlung im Staatsrat sind die Argumente **Opportunismus** aller außer denen des Grafen Wrede von eigennützigem Taktieren bestimmt. Als der Prinz von Meißen die Bestrafung des Kämmerers fordert, droht Graf Kallheim mit einem Prozess gegen seinen Neffen, von welcher Drohung der Prinz sich einschüchtern lässt. Vorher hatte Kunz von Tronka versucht, dem Prinzen seinen Dank für seine Stellungnahme durch eine verbindliche Geste zu demonstrieren (46). Diese subtil versuchte Bestechung durch Schmeichelei weist auf einen intriganten Charakter hin.

Luther hatte versucht, den Kurfürsten gegen Kohlhaas in Schutz zu nehmen:

> „Schrieb ich dir nicht, dass die Klage, die du eingereicht,
> dem Landesherren, dem du sie eingereicht, fremd ist?
> Wenn Staatsdiener hinter seinem Rücken Prozesse unterschlagen oder sonst seines geheiligten Namens,
> in seiner Unwissenheit spotten […]" (40).

Auch Kunz nimmt den Landesherrn in Schutz und die Verantwortung auf sich durch sein Bekenntnis der „eigenmächtige[n] Verfügung" (44). In diesem Fall scheint den Kurfürsten nur eine geringe Schuld zu treffen, die jede staatliche Organisation, die das Delegieren von Aufgaben kennt, in Kauf nehmen muss.

Als der Prinz jedoch die Bestrafung des Kämmerers fordert, schleicht sich beim Leser der Verdacht ein, dass der Kurfürst sich durch seine Reaktion verraten hat und ihn eine größere Schuld trifft. „Der Kurfürst, den der Junker bei diesen Worten betroffen ansah, wandte sich, indem er über das ganze Gesicht rot ward, und trat ans Fenster." (45) Dieser Zwischenfall legt nicht nur dem Leser den Verdacht nahe, dass der Kurfürst mindestens der Mitwisserschaft schuldig ist, auch die anderen Anwesenden können sich der Peinlichkeit „einer verlegnen Pause" (ebd.) nicht entziehen. Wie auf der Tronka'schen Burg der Junker vermag auch am Hof der Kurfürst nicht, den ‚Eigenmächtigkeiten' (44) seiner Untergebenen Einhalt zu gebieten, und „im Lande herrschte" eine „allgemeine […] Unzufriedenheit […] wegen der Unziemlichkeiten des Kämmerers" (46 f.).

Mitschuld
des Kurfürsten

Eigenmächtigkeit der
Untergebenen

Indem er sich den Standpunkt Wredes zu eigen macht, trifft der Kurfürst keine moralische Entscheidung, sondern schließt sich dem an, „dessen Meinung ihm die zweckmäßigste schien" (46). Er erlässt sein verklausuliertes Amnestieversprechen, dessen „bedingungsweise […] geführte Sprache" (47) auch Kohlhaas auffällt. So erscheint die Amnestie als halbherzige Zusage, die er bei der erstbesten Gelegenheit zurücknimmt. Die Falle, die er Kohlhaas mit dem Brief von Nagelschmidt stellen lässt, ist so wenig ein redliches Mittel, dass er wegen ihr später nicht in Berlin zu klagen wagt. Trotzdem lässt er unter Missachtung des laufenden Prozesses und des Amnestieversprechens auf ihrer Grundlage Kohlhaas zum Tode verurteilen und setzt nebenbei ohne ersichtlichen Grund den ehrbaren Grafen Wrede ab. Die Eile bei der Verurteilung Kohlhaasens steht im Gegensatz zu dem vorherigen eher zögerlichen Verhalten ihm gegenüber. Erst als der brandenburgische Kurfürst Kohlhaas seiner Macht entzieht, wendet sich der sächsische Kurfürst an den Kaiser, was er bis dahin unterlassen hatte.

Fragwürdiges
Handeln
des Kurfürsten

Bis zu diesem Zeitpunkt nutzt der sächsische Kurfürst seine Macht über Kohlhaas rücksichtslos aus, doch diesem ist mit dem Amulett ein Mittel zur Macht, mit dem er „seines Feindes Ferse" (92) treffen kann, gegeben. Das schon pathologisch zu nennende Begehren des Kurfürsten nach dem Zettel befremdet zunächst, und auch als der Leser von dem Inhalt des Zettels, der Prophezeiung betreffs der Herrschaft über Sachsen, weiß, ist ihm dieses Verhalten des Kurfürsten kaum einsichtiger. Doch genauer betrachtet, beinhaltet der Zettel das einzige Gut, die einzige Legitimation des Kurfürsten zur Herrschaft: seine Genealogie. Nur durch Erbfolge hat er sein Amt erworben, und dieses an seine Nachkommen weiterzuge-

Amulett

Genealogie
als Legitimation

ben ist sein Ziel. Nichts anderes als seine Abstammung hat er dem kaufmännischen und moralischen Format Kohlhaasens entgegenzusetzen. Im Streben nach dem Wissen um die Zukunft zeigt er seinen Aberglauben, indem er die beiden Astrologen zu Rate zieht, und degradiert sich selbst zunehmend moralisch und vom Stande her. Die Selbstdegradierung symbolisiert sich am Ende in seiner Verkleidung als ‚Graf von Königstein'.

Die negative Darstellung des sächsischen Hofes stellt eine klare Kritik an herrscherlichen Gepflogenheiten dar. Der brandenburgische Hof erscheint demgegenüber zunächst in einem freundlicheren Licht. Kohlhaas vertraut auf den brandenburgischen Kurfürsten: „Der Herr selbst, weiß ich, ist gerecht" (22). Auch scheint die Absetzung des intriganten Kallheim einer Empörung über dessen Untreue und Eigenmächtigkeit zu entspringen. Doch genauer besehen, lässt sich auch der brandenburgische Kurfürst von klaren politischen Zwecken bei seinen Entscheidungen leiten. Er kann Kallheim auf keinen Fall in seinem Kabinett dulden, wenn dieser Entscheidungen im Interesse einer fremden Regierung trifft.

Der brandenburgische Hof

Zweckgerichtetes Verhalten

Bei der bis dahin geschilderten freundlichen Gewogenheit des brandenburgischen Kurfürsten für Kohlhaas und seine Sache muss es den Leser erstaunen, dass ihm das Todesurteil gemäß der Klage des Kaisers recht zu kommen scheint,

> „an dessen Vollstreckung gleichwohl, bei der verwickelten Lage der Dinge, seiner Milde ungeachtet, bei dem Wohlwollen, das der Kurfürst für den Kohlhaas trug, unfehlbar durch ein Machtwort desselben in eine bloße, vielleicht auch beschwerliche Gefängnisstrafe verwandelt zu sehen hoffte" (89).

Doch „das über ihn gefällte Todesurteil [wurde] nunmehr, nach einer umständlichen Prüfung der Akten von dem Kurfürsten von Brandenburg unterzeichnet und der Hinrichtungstag bereits auf den Montag nach Palmarum festgesetzt" (93 f.).

Der Kurfürst zeigt keineswegs die von ihm erwartete Milde. Ein nüchterner Interpret wird den Ritterschlag zweier halbwüchsiger Knaben nach der Hinrichtung ihres Vaters als hohle Geste empfinden. Und in der Tat stört der Erzähler das positive Bild vom Kurfürsten noch

Keine Begnadigung

im letzten Satz mit subtilen Mitteln. Trotz der Nobilitierung der Söhne und ihrer Erziehung in der kurfürstlichen Pagenschule mögen Kohlhaasens Nachkommen nicht unter der Herrschaft der Brandenburger bleiben.

Auswanderung der Nachkommen
Sie ziehen es vor, „im Mecklenburgischen" (98) zu leben. Auf diese Weise dokumentieren sie ihr Nichteinverständnis mit den brandenburgischen Herrschern.

Kleist als preußischer Junker
Diese kritische Distanz der Novelle gegenüber dem Adel kann den Leser zunächst befremden, immerhin entstammt Kleist selbst einem preußischen Adelsgeschlecht. Seine Herkunft sicherte ihm zeit seines Lebens ein relativ sorgenfreies Auskommen. Der Befund einer kritischen Darstellung von Adels- und Fürstenherrschaft lenkt daher die Aufmerksamkeit auf die Entstehungszeit der Novelle.

Die Entstehungszeit
Die Zeit zwischen 1789 und 1815 („Michael Kohlhaas" erschien erstmals 1808 im einzigen Jahrgang der Kunstzeitschrift *Phöbus* und wurde 1810 in einem Band mit Erzählungen abgedruckt) war für Deutschland eine sehr aufgeregte und schwierige Zeit. Unruhen, Wandlungen,

Umbrüche und Entwicklungen
Umbrüche im wissenschaftlichen, technischen, ökonomischen, politischen und weltanschaulichen Bereich prägen diese Zeit entscheidend. Die Dampfkraft ermöglichte erste Schritte in Richtung industrieller Fertigung. Die Wissenschaft erforschte die Erscheinungen der Verbrennung und der Elektrizität. Das erste Papiergeld wurde ausgegeben, und die absolutistische Wirtschaftsform des Merkantilismus wurde langsam von moderneren, eher marktwirtschaftlich orientierten Wirtschaftsformen verdrängt. Das besitzende Bürgertum etablierte sich zunehmend als starke wirtschaftliche Schicht und erstrebte entsprechende politische Einflussmöglichkeiten. Diese allmählichen Veränderungen schufen neue Grundlagen und stellten neue Forderungen.

Aufklärung
In gegenseitiger Wechselwirkung mit diesen äußeren Gegebenheiten stand die Philosophie der Aufklärung. Sie bildet die Grundlage allen Denkens und künstlerischen Gestaltens um 1800 – und der Jahre danach. Im 17. Jahrhundert nahm sie ihren Ausgang in England und erlebte im 18. Jahrhundert ihre Blüte in Frankreich und Deutschland. Wichtige Namen im Zusammenhang mit der Aufklärung sind Francis Bacon, Thomas Hobbes, John Locke in England, René Descartes, Voltaire, Denis

Diderot, Jean-Jacques Rousseau in Frankreich und Christian Wolff, Gotthold Ephraim Lessing und Immanuel Kant in Deutschland. Diesen vielschichtigen und vielgestaltigen Prozess, der seinen Anfang genommen hatte in der Kritik an der bestehenden Orthodoxie und dem Dogmatismus des Denkens und in seinem Verlaufe auch vor der Kritik und dem Zweifel an Staat, Kirche und Gott nicht zurückgeschreckt war, fasste Immanuel Kant mit der griffigen Formel zusammen: „Aufklärung ist der Ausgang des Menschen aus seiner selbstverschuldeten Unmündigkeit." Hinter den humanitären Forderungen nach Freiheit und Gleichheit der Menschen stehen aber auch wirtschaftliche Interessen. Marktwirtschaft setzt die Freiheit des Unternehmers, Handelsverträge setzen die Gleichheit der Handelspartner voraus. Die Emanzipation des Individuums hat eine humanitäre und eine ökonomische Komponente. Das Idealbild des aufgeklärten Menschen ist das Individuum, das selbständig, eigenverantwortlich und vorbildlich seinen eigenen Verstand zu gebrauchen weiß.

Emanzipation des Individuums

Einzelne kritische Ansätze und Entwürfe zu neuen staatlichen Konzepten nahmen einige absolutistische Herrscher an und verwirklichten den sogenannten aufgeklärten Absolutismus, was sich allerdings z. B. bei Friedrich dem Großen, einem der angesehensten und aufgeschlossensten Herrscher, so ausdrückte: „Disputiert so viel ihr wollt, aber gehorcht!"

Aufgeklärter Absolutismus

Die Zahl der absolutistischen Herrscher in Deutschland war beträchtlich, da Deutschland nach dem 30-jährigen Krieg in viele Klein- und Kleinststaaten zerfallen war, deren Herrscher mehr oder weniger ihre Willkür auslebten und mit ihrem Gottesgnadentum begründeten. Selbst die Residenzstädte waren nur provinzielle Kleinstädte, und Deutschland konnte wirtschaftlich und lange Zeit auch kulturell mit anderen Staaten nicht konkurrieren. Der Partikularismus verhinderte jede längerfristige Entwicklung. Die Fragen, was eine Nation ausmache und wie Deutschland zur Nation werden könne, stellten sich dringlich. Politisch zur Nation zu werden, konnte man kaum hoffen, dafür kam der Kultur eine hohe Bedeutung für die nationale Identität zu. Diese Divergenz der beiden Bereiche beklagten Goethe und Schiller in ihrem gemeinsamen Gedichtzyklus „Xenien": „Deutschland –

Kleinstaaterei

Nationale Identität?

aber wo liegt es?' – ‚wo das gelehrte beginnt, hört das politische auf'".

Hoffnung
und Skepsis

Die amerikanische Unabhängigkeitserklärung und Verwirklichung einer demokratischen Verfassung sowie die Ereignisse um und nach dem Bastillesturm in Paris erschütterten die alten Werte und Systeme nachhaltig. Die Umsetzung in die politische Wirklichkeit zeigte, dass die Träume und Entwürfe der Philosophen von Demokratie und Freiheit konkrete Wirklichkeit werden konnten. Doch zeigte der Verlauf der Französischen Revolution gleichzeitig auch die Gefahren solcher Erhebungen, denn in ihrem Zeichen und zu ihrem „Wohle" wurden auch Gewalt und Schreckensherrschaft mit Massenhinrichtungen ausgeübt. Die Deutschen reagierten unterschiedlich auf die Nachrichten aus Frankreich. Anhänger der Revolution strebten danach, in Deutschland ebenfalls eine Republik zu errichten. So kam es im Jahre 1793 in Mainz unter dem Schutz des französischen Revolutionsheers zur ersten Republik auf deutschem Boden, die allerdings nach nur wenigen Monaten von den Koalitionsheeren zerschlagen wurde. Andere standen den Ereignissen skeptisch gegenüber und hielten die Deutschen noch keineswegs für reif für die politische Verantwortung einer Demokratie. Revolutionsgegner äußerten sich öffentlich, die Fürsten an der Macht ergriffen militärische Maßnahmen.

Kriege

Zwischen 1790 und 1810 standen sich viermal jeweils verschiedene Koalitionsheere und das französische Revolutionsheer, das nach 1800 unter Napoleon stand, gegenüber. Die Herrscher Europas verbündeten sich in Koalitionen, um mit gemeinsamen militärischen Maßnahmen die drohende Gefahr aus Frankreich zu bannen und die bestehende Ordnung zu sichern. Am Ende waren die restaurativen Kräfte überlegen. Diese Koalitionskriege brachten tiefgreifende Unsicherheit und Wirrnisse für ganz Europa, nicht zuletzt wegen der wechselnden Erfolge der Heere. Viele Dichter der Zeit, so auch Kleist, erlebten die Kriegsgeschehnisse als unmittelbar Beteiligte mit.

Frage nach
der Legitimation
allen Handelns

Diese Erschütterungen ließen die Menschen dieser Zeit nach einer neuen Ordnung suchen. So gewann die Frage nach der Legitimation allen Handelns, also auch nach der Legitimation von Staat, Recht und Gewalt, aktuelle

Dringlichkeit. Die Erschütterungen durch die Kriege, die gerade in den deutschen Kleinstaaten jede längerfristige Entwicklung verhinderten, weckten den Wunsch nach Frieden; die Philosophen schrieben Entwürfe „Zum ewigen Frieden" (Kant). Man sehnte sich nach einem stabilen Rechtssystem, das aber gerade die bürgerliche Sicherheit und Souveränität in Handel und Wirtschaft schützen sollte.

In dieser geistigen Auseinandersetzung mit den Folgen der Revolution und in der Suche nach einer Orientierung kam der Literatur eine gewichtige Rolle zu. Die Literaten reagierten unterschiedlich auf die Revolution.

Rolle
der Literatur

Die eifrigen Anhänger und Verfechter der Revolution in Deutschland brachten zum Teil nur Tagesliteratur hervor. In Flugblättern, Pamphleten, Zeitschriften kämpfte die sogenannte Jakobinerliteratur für die Revolution in Deutschland. Vermutlich stand selbst Friedrich Hölderlin diesem Gedanken nicht sehr fern. Der einzige Schriftsteller von Rang, der sich öffentlich, auch praktisch politisch, für die Revolution in Deutschland engagierte, war Georg Forster (1754–1794). Erklärte Gegner der Revolution waren die zu ihrer Zeit populären Dramenautoren Kotzebue und Iffland, die einen höheren Bekanntheitsgrad besaßen als selbst Goethe.

Pro und contra
Revolution

Verhaltener äußerten sich Goethe und Schiller zur Revolution. Zwar standen sie der bestehenden Ordnung kritisch und den Gedanken der Aufklärung aufgeschlossen gegenüber, doch setzten sie statt auf gewaltsame Revolution auf behutsame Evolution als Modus der Veränderung. In ihren Augen waren die Menschen der Zeit noch nicht reif für politische Verantwortung. Angesichts der Revolution stellte Goethe ganz klarsichtig fest: „doch wer beschützte die Menge / Gegen die Menge? Da war Menge der Menge Tyrann." („Venetianische Epigramme") Zum „Deutsche(n) Nationalcharakter" äußerten Goethe und Schiller gemeinsam:

Evolution
statt Revolution

> „Zur Nation euch zu bilden, ihr hofft es, Deutsche,
>   vergebens;
> Bildet, ihr könnt es, dafür freier zu Menschen euch
>   aus!"
>
> („Xenien")

Das Zitat verdeutlicht, dass die beiden primär humanitäre Ideale vor Augen hatten, die sie am Vorbild der klassischen Antike gewonnen hatten und die sich in zweiter Linie von selbst auf politische Ziele auswirken sollten. Und in diesem Prozess der Fortentwicklung zur Humanität kommt der Kunst eine tragende Bedeutung zu. Wenn Schiller vom Menschen fordert, seine natürlichen Triebe und seine sittlichen Kräfte in Harmonie zu bringen, so bildet die Ästhetik für ihn ein zentrales Mittel zur Erziehung des Menschen. Sein Konzept der ästhetischen Erziehung durch sinnliche Erfahrung in Kunst und Literatur, durch ‚interesseloses Wohlgefallen' stellt er in seiner theoretischen Schrift „Über die ästhetische Erziehung des Menschen" dar. In seinen Dramen konfrontiert er das Publikum mit Helden, die angesichts eines tragischen Schicksals menschliche und moralische Größe beweisen und so das Schiller'sche Prädikat des „Erhabenen" verdienen. Der Einfluss der beiden Dichter und ihrer Konzepte auf die Zeitgenossen kann kaum überschätzt werden. Dass alle Gebildeten diese Ideen kannten, überdachten und diskutierten, davon ist auszugehen.

Ästhetische Erziehung

Kleists literarische Figuren Michael Kohlhaas, der Prinz von Homburg und andere lassen sich dem Schiller'schen Begriff des Erhabenen durchaus zuordnen. Sie beweisen angesichts des sicheren Todes ähnlich wie z. B. Schillers Maria Stuart menschliche und moralische Größe und sind von daher dazu angetan, als Vorbilder einen positiven Einfluss auf die Menschen auszuüben. Die Menschen der Zeit waren für solche Einflüsse auch tatsächlich empfänglich, was die Selbstmordwelle in Nachfolge von Goethes Romanheld Werther zeigt.

Exkurs:
Das Selbsthelfer-Motiv in der Literatur um 1800

Verhältnis Individuum – Gesellschaft

Zu den Problemen, die sich stellen, wenn die Autonomisierung des Individuums verwirklicht werden soll, gehört das Verhältnis von Individuum und Gesellschaft. Konkreter gesagt, heißt das: Darf, soll, muss der Einzelne sich gegen einen ungerechten Staat zur Wehr setzen? Das Motiv des sich selbst helfenden Menschen wurde in der Literatur der Zeit mehrfach behandelt. Allein Schiller hat drei Werke mit dem Selbsthelfer-Motiv als zentralem Thema veröffentlicht: „Die Räuber", „Der Verbrecher aus verlorener Ehre" und „Wilhelm Tell".

Das Drama „Die Räuber" begründete Schillers literarischen Ruhm und bescherte ihm Schwierigkeiten mit seinem Landesherrn, die ihn zu einer abenteuerlichen Flucht aus Stuttgart veranlassten. Karl Moor, die Hauptfigur dieses Dramas, wird aufgrund des Betruges seines neidenden Bruders Franz enterbt und verlässt wegen dieses Unrechts Gesellschaft und Gesetz. Als ‚edler Räuber' schwingt er sich zum Retter der Leidenden und Unterdrückten und zum Richter der Tyrannen und Ausbeuter auf. Doch der edle Zweck ist auf unedle Werkzeuge angewiesen: Seine Kumpane sind nichts als Räuber und Mörder, und er muss bei seinen Taten auch Unschuldige vernichten. Daher liefert er sich, nachdem er in Verkleidung zu seiner Familie zurückgeschlichen war und der Betrug und Irrtum aufgedeckt worden waren, zur Sühne einem Armen aus, um diesem so zu einer reichen Belohnung zu verhelfen.

„Die Räuber"

Deutlichere Parallelen zu „Michael Kohlhaas" weist Schillers Drama „Wilhelm Tell" auf. Die Schweizer Bevölkerung leidet unter der Willkür der ungerechten österreichischen Fremdherrschaft. Anfangs hält Tell sich von allen rebellischen Ideen und Aktionen fern, ja er vertraut auf die Selbstregulation der Zustände. Erst als er vom Landvogt Geßler gezwungen wird, das Leben seines Kindes aufs Spiel zu setzen, indem er ihm mit der Armbrust einen Apfel vom Kopf schießt, um das Leben seines Kindes und sein eigenes zu retten, wird er aktiv. Er ermordet den Landvogt. Doch anders als Kohlhaas erfährt er die Unterstützung des Volkes. Diese Solidarität vermag nicht nur, Tell als Einzelnen vor Verfolgung und Strafe zu schützen, sondern schafft sogar den Umsturz. Tells Tat wird so im Nachhinein legitimiert. Tell wird durch seine Tat zum Helden einer Volkserhebung, während Kohlhaas sich der weiter bestehenden Ordnung beugen muss und hingerichtet wird.

„Wilhelm Tell"

Gemeinsam ist diesen Werken die Ausgangslage: Ein Einzelner reagiert mit gewaltsamen und ungesetzlichen Aktionen auf ungerechte Behandlung. Gemeinsam ist ihnen aber auch die ambivalente Beurteilung dieses Verhaltens. Trotz des gerechten Anliegens bleiben die Aktionen wegen ihres gewaltsamen, blinden und z.T. ungerechten Charakters doch insgesamt fragwürdig. Die Brücke von diesen literarischen Werken zurück zur politischen Situation der Zeit zu schlagen, fällt sicher nicht schwer.

Ambivalente Beurteilung

Schillers Flucht vor seinem Landesherrn zeigt, dass es den Literaten und Philosophen durchaus nicht ohne weiteres möglich war, ihre Gedanken mit kritischer Ausrichtung zu veröffentlichen. Welche Angst die herrschenden Fürsten vor der Kraft des Wortes hatten, zeigt die ausgeprägte Zensurpraxis, mit der auch Kleist sich

Zensur

auseinandersetzen musste, wie verschiedene devote Schreiben an höhere Zensurbeamte um Zulassung seiner Werke zeigen (vgl. Materialien, S. 132 f.). Die einzige

Tarnung

Möglichkeit, kritisches Gedankengut durch die Maschen der Zensur zu schmuggeln, bestand darin, dieses in symbolischen, metaphorischen, allegorischen oder bildhaften Bezügen geschickt zu tarnen.

Zeitbezug
der Novelle

„Michael Kohlhaas" befasst sich mit den Problemen dieser Zeit. Am Beispiel von Kohlhaas' Revolte werden die Fragen nach Recht, Gewalt und Widerstand aufgegriffen, ein Thema, das kurz nach einer Revolution ein gehöriges Maß an Brisanz besitzt. Die Schilderung der Zustände an den Höfen fällt alles andere als wohlwollend aus. Kohlhaas ist der Prototyp des souveränen Bürgers, der unter der Willkür der Herrschenden leidet und gegen sie aufbegehrt. Seine Auffassung von Wesen und Aufgabe von Recht und Staat entspricht der der aufgeklärten Bürger. Zweck dieser Vertragsgemeinschaft soll der Schutz von „Handel und Wandel" (4) als ‚friedlichem Gewerbe' (vgl. 39) im Gegensatz zum Raubrittertum des Junkers sein. Die Darstellung von Unruhe und Willkür, die in der Novelle einen breiten Raum einnimmt, erinnert an die Wirrnisse der Kleist-Zeit.

Historischer
Transfer

Es liegt auf der Hand, dass solche Gedanken und Konzepte in der Entstehungszeit der Novelle nur im historischen Kostüm auftreten konnten. Mit dem Kohlhaas-Stoff bot sich Kleist die Möglichkeit, seine Gedanken durch den historischen Transfer zu verfremden und ihre konkrete Aktualität zu verbergen. Die dargestellten Probleme besitzen jedoch für alle Zeiten prinzipielle Aktualität, was sich auch in der Ansiedlung der Novelle in einem historischen Ungefähr „um die Mitte des sechzehnten Jahrhunderts" (3) und in der Namenlosigkeit der Kurfürsten zeigt, den einzigen Figuren, die nur als Schatten und Funktionsträger erscheinen.

Wie Kleist seiner Novelle darüber hinaus durch ein Doppelspiel seines Erzählers Schärfe nimmt, wird im Kapitel „Erzähltechnik" noch eingehender zu untersuchen sein.

Metaphysische Aspekte: Zufall – Schicksal – Zigeunerin – Amulett

„Graf Wrede [...] bemerkte, dass der Faden der Frevel-taten sich auf diese Weise ins Unendliche fortzuspinnen drohe" (44). Der Erzähler lässt eine Figur der Handlung an dieser Stelle eine Erkenntnis formulieren, die sich auch dem Leser aufdrängt. Die einzelnen Elemente der Novellenhandlung stehen in so enger kausaler Verflech-tung, dass jedes Handlungselement durch ein anderes motiviert wird. Damit ist ein Indiz für die äußerst dich-te und kunstvolle Komposition der Novelle erkannt. Jedoch lösen nicht immer die Personen der Handlung Aktionen oder Reaktionen aus, sondern die Entwicklung der Handlung gewinnt oft eine so große Eigendynamik, dass die handelnden Personen nicht mehr Herr der Lage sind und ihr in gewissem Grade machtlos gegenüberste-hen. An verschiedenen entscheidenden Stellen greift das Schicksal in Gestalt des für die Menschen unvorherseh-baren und unkontrollierbaren Zufalls in die Handlung ein. Ganze Verkettungen unglücklicher Zufälle beein-flussen die Handlung im negativen Sinne.

Kausale Verflechtungen

Zufall

Den Tod der Frau hat in diesem Sinne niemand beabsich-tigt und folglich auch nicht direkt zu verantworten. Sie hat „ohne Verschulden derselben, von dem bloßen rohen Eifer einer Wache, die ihn [d. i. den Landesherrn] umring-te, einen Stoß mit dem Schaft einer Lanze vor die Brust erhalten" (24), der unglücklich ihre tödliche Verletzung verursacht. Diese Begebenheit war schon vorher durch die zufällige Abwesenheit des Kastellans überhaupt erst herbeigeführt worden. Die rechtzeitige Zustellung des Mandats an das Stift, die eine weitere Flucht des Junkers womöglich hätte aufhalten können, war durch einen übermäßigen Regenguss verhindert worden, indem „die Gewässer der Mulde, vom Regen geschwellt, ihn [d. i. den Boten] verhindert" (30) hatten, rechtzeitig einzutreffen. Schließlich kommt die Entdeckung des Boten mit Nagel-schmidts Brief an Kohlhaas nur durch einen misslichen Zufall zustande:

Tod Lisbeths

Zustellung des Mandats

Entdeckung des Boten

„Nun hatte der mit diesem Brief beauftragte Kerl das Unglück, in einem Dorf dicht vor Dresden in Krämpfen hässlicher Art, denen er von Jugend auf unterworfen war, niederzusinken; bei welcher Gelegenheit der Brief, den er im Brustlatz trug, von Leuten, die ihm zu Hülfe kamen, gefunden, er selbst aber, sobald er sich erholt, arretiert, und durch eine Wache, unter Begleitung vielen Volks, auf das Gubernium transportiert ward." (69)

Der Leser begegnet in dieser Novelle also einer Welt, in der die Menschen nicht immer souverän handeln können, sondern häufig übergeordneten Mächten gehorchen müssen.

Zigeunerin und Amulett

Mit der Zigeunerin und ihren Prophezeiungen tritt ein irrationales Element in die Handlung ein, das zunächst befremdet und in dreierlei Hinsicht gedeutet werden kann und muss: ihre realistische Bedeutung, ihre erzähltechnische Funktion und ihre symbolische Bedeutung.

Die realistische Bedeutung

Zeitkolorit

Die Zigeunerin gehört zunächst einmal zum Zeitkolorit und zur Atmosphäre der Reformationszeit. In dieser Zeit war der Glaube an Wahrsagerei, Magie, Wunder und Astrologie in allen Gesellschaftsschichten verbreitet. Bereits die Quellen, die Kleist seiner Novelle zugrunde gelegt hat, zeugen hiervon. Der Chronist Peter Hafftitz bringt einen Freund und Mitkämpfer Kohlhaasens mit der Magie in Verbindung: „Hans Graßmuß, der auch ein ausbundiger Schwartzkünstler gewesen, ist hin und wieder auf den Dächern als eine Katze lauffende gesehen, biß er endlich entkommen." (Schöttgen, Kreysig 1731, zit. nach: EuD II, S. 65) Nicolaus Leutinger unterstellt 1729 gar, dass Kohlhaas selber seine Kräfte aus der Magie bezog: „und weil er seine Stärke aus Zauberei und List bezog" (zit. nach: EuD II, S. 70).

Aberglaube im Volk

Dieser Aberglaube bildet somit ein realistisches Element im Novellentext. Das Volk sammelt sich auf dem Jahrmarkt in Scharen um die wahrsagende Zigeunerin. Die

Aberglaube bei den Fürsten

beiden Kurfürsten zeigen sich zunächst skeptisch, als sie ihre Kunst auf die Probe stellen, doch lassen sie sich von der effektvoll inszenierten Rehbock-Prophezeiung überzeugen. Mit den beiden Landesherren demonstrieren Angehörige des höchsten Standes ihren Glauben an Wahrsagerei. An späterer Stelle zieht der Kurfürst von Sachsen sogar zwei Astrologen zu Rate, um so eventuell den Inhalt des Zettels in Erfahrung zu bringen.

Die erzähltechnische Funktion

Mit dem Aberglauben des sächsischen Kurfürsten erlangt dieses Element jedoch eine tiefere Bedeutung für die Novelle. Die Kapsel mit dem darin enthaltenen Zettel wird zum Katalysator des weiteren Geschehens, durch den Zettel werden die weiteren Ereignisse in Gang gesetzt. *Katalysatorfunktion*

An dieser Stelle kehrt sich die Richtung der Handlung um. Bis hierhin war Kohlhaas der aktive Part gewesen und hatte etwas zu erlangen gestrebt, das der Kurfürst ihm verweigerte. Nun strebt der Kurfürst nach einem Gut, das Kohlhaas ihm verweigert. Durch das Auftauchen des Zettels werden überhaupt die Schicksale der drei Figuren, Kohlhaas und die beiden Kurfürsten, miteinander verknüpft. Die drei Personen werden auf dem Jahrmarkt zusammengeführt, ohne dass sie einander kennen. Diese Verknüpfung bleibt bis zum Bruch der Amnestie durch den sächsischen Kurfürsten latent und ohne Bedeutung. Erst dadurch kann der Zettel seine spätere Bedeutung erlangen, der Niedergang des Kurfürsten ist auf sein eigenes Verschulden zurückzuführen. *Umkehrung der Handlungsrichtung* *Verknüpfung der Figuren*

Am Ende der Handlung sind für die Funktion des Zettels die übersinnlichen Fähigkeiten der Zigeunerin bedeutsam. Ohne ihre hellseherische Gabe hätte Kohlhaas nicht die Information erhalten können, die er zur Ausführung seiner Rache am Kurfürsten benötigt. Er hätte diesen weder erkannt noch dessen Absichten durch die Vernichtung des Zettels zuvorkommen können. *Inhaltliche Bedeutung*

Symbolische Bedeutung

Doch nicht nur für das Erzählgefüge, sondern auch in inhaltlicher Hinsicht ist der Zettel von Bedeutung, denn er ist für Kohlhaas ein Mittel zur Rache. Mit dem Zettel erlangt er eine fast absolute Macht über den Kurfürsten. Er kann seinem Gegner ungeheuer „weh tun" (81) und „seines Feindes Ferse […] tödlich […] verwunden" (92). *Mittel zur Rache*

Mit dieser gelungenen Rache Kohlhaasens erfüllt sich

aber zugleich eine höhere Gerechtigkeit, nach der den Leser im Anschluss an die Ereignisse verlangt. Kohlhaas erhält den Zettel ja bereits viel früher, als er für die Handlung bedeutsam wird. In dem Moment, da Kohlhaas seine Rache selbst in die Hand nimmt, „am Tage nach dem Begräbnis [s]einer Frau" (76), hat er den Zettel bereits erhalten. Bei Kohlhaasens zweiter Begegnung mit der Zigeunerin weist der Erzähler auf „eine sonderbare Ähnlichkeit zwischen ihr und seinem verstorbenen Weibe Lisbeth" (91) hin. Zwar behauptet der Erzähler nirgends die tatsächliche Identität von Zigeunerin und Lisbeth, sondern überlässt die vagen Andeutungen der Deutung des Lesers, doch verstärkt er diesen Bezug auf die verstorbene Frau noch, indem er die Zigeunerin ihre schriftliche Botschaft an Kohlhaas mit „Deine Elisabeth" (95) signieren lässt. Damit schafft er eine auffällige Verbindung zwischen dieser Gehilfin zur Erfüllung einer höheren Gerechtigkeit und dem alles in allem doch schuldlosesten Opfer der gesamten Verwicklungen. Und genau am Tage nach der Beerdigung des Opfers tritt diese symbolische Verkörperung der höheren Gerechtigkeit auf den Plan. Aber erst als Kohlhaas keine weltliche Gerechtigkeit zuteil zu werden droht, greift die höhere Gerechtigkeit bestimmend in die Handlung ein.

Die Zigeunerin verkörpert mit ihren Prophezeiungen die Zukunft, das die fassbare Realität des Augenblicks überdauernde Prinzip der Geschichte. Der Kurfürst, der durch seinen Aberglauben gegenüber dem nüchternen Kohlhaas negativ charakterisiert wird, ist von den auf dem Zettel festgehaltenen Informationen in hohem Maße abhängig:

> „‚Dreierlei schreib ich dir auf: den Namen des letzten Regenten deines Hauses, die Jahreszahl, da er sein Reich verlieren, und den Namen dessen, der es durch die Gewalt der Waffen an sich reißen wird.'" (86 f.)

Er bezieht seine Legitimation als Landesherr einzig aus seiner Genealogie, und sein einziges Interesse und seine einzige Leistung sind die Fortsetzung seiner Dynastie. Für Kohlhaas sind diese Informationen ohne Belang, doch für den Kurfürsten beinhalten sie eine eminente symbolische Bedeutung. Indem Kohlhaas sich kurz vor seiner Hinrichtung und der Vernichtung des Zettels in

Marginalien:

Eingreifen einer höheren Gerechtigkeit

Ähnlichkeit mit Lisbeth

Verbindung Zigeunerin – Lisbeth

Zukunft und Geschichte

Dynastie des Fürsten

die Kenntnis dieser Prophezeiung bringt, sie dem Kurfürsten aber vorenthält, macht er sich zum Vollzugsorgan der Geschichte bei der Vernichtung einer überlebten Einrichtung: eines Fürsten durch Geburt. Der Erzähler verweist den Leser ausdrücklich auf die Geschichte: „wo man das Weitere in der Geschichte nachlesen muss" (98). Damit hat ein zunächst rätselhaftes Element eine äußerst kritische Bedeutung preisgegeben.

Die Zigeunerin als symbolische Verkörperung höherer Wahrheit tritt aber auch als Versucherin auf. Als sie Kohlhaas im Gefängnis besucht, schlägt sie ihm die Verwendung des Zettels in seinem individuellen Interesse vor, nämlich ihn für sein Leben einzutauschen. Dieser Versuch gerät halbherzig, und sie gibt sich auch allzu rasch mit Kohlhaasens Weigerung zufrieden: „Die Frau sagte, […] dass er in mancherlei Hinsicht recht hätte und dass er tun und lassen könnte, was er wollte!" (92)

Diese ‚außerirdische' Gestalt trägt aber erstaunlich irdische Züge. Sie krault Kohlhaasens Hund, liebkost seine Kinder und schenkt ihnen einen Apfel. Die ‚Botin des Jenseits' ist mit erstaunlich und erfreulich wenig mystischem Glanz und Geheimnis versehen. Lediglich ihre merkwürdige Ähnlichkeit mit Lisbeth und ihre hellseherische Gabe sind Elemente, die das Bild eines konkretrealen Menschen stören.

Für Kleist teilen sich das Irreale und das Reale also keineswegs in voneinander getrennte Sphären. Für ihn ist Irreales in jeder Realität enthalten. Realität bildet nur einen Ausschnitt aus dem größeren Komplex Irrealität. So kam es dem mathematikbeflissenen Studenten Kleist, wie er Jahrzehnte vorher an seinen Lehrer Martini geschrieben hat, darauf an, irrationale Verhältnisse wie rationale anzusehen. Für Kleist öffnet sich der vollständige Wirklichkeitsbegriff nach dem Irrealen hin. Auch in anderen seiner Erzähltexte finden sich solche Erscheinungen des Übersinnlichen in der Realität, so z.B. in „Das Bettelweib von Locarno" und in der Legende „Die heilige Cäcilie oder die Gewalt der Musik".

Randnotizen:

Kritische Bedeutung

Zigeunerin als Versucherin

Irdische Züge der Zigeunerin

Kleists Weltbild: Verhältnis von Realem und Irrealem

Erzähltechnik

Erzähler und Erzählperspektive

Funktion
des Erzählers

Im überwiegenden Teil der Fälle ist der Erzähler eine vom Autor ebenso wie die Handlungsfiguren erfundene Person, die sich selber mehr oder weniger ins Gespräch bringt, sogar an der Handlung teilnehmen kann. Zweck eines solchen fiktiven Erzählers als Vermittlungsinstanz einer sorgfältig komponierten Handlung ist die gezielte Lenkung des Lesers. Soll letztlich die Intention des Autors erkannt werden, müssen Rolle, Strategie und Glaubhaftigkeit des Erzählers durchschaut werden.

Der Erzähler in „Michael Kohlhaas" kann leicht als Person erkannt werden, die aus großer zeitlicher Distanz zum Geschehen berichtet. Im Untertitel der Novelle gibt er seine Quelle an: „Aus einer alten Chronik." Der Erzähler ist somit nicht selber der Chronist, sondern bezieht lediglich seine Kenntnisse aus einer alten Chronik. Wie groß seine zeitliche Distanz zum Geschehen ist, deutet er im letzten Satz des Textes an: „Vom Kohlhaas aber haben noch im vergangenen Jahrhundert im Mecklenburgischen einige frohe und rüstige Nachkommen gelebt" (98). Da er bereits im ersten Satz das Geschehen „um die Mitte des sechzehnten Jahrhunderts" (3) zeitlich situiert hat, kann sich der Leser den Erzähler als Zeitgenossen Kleists denken.

Erzähler
als Zeitgenosse
Kleists

Imitation
des Chronikstils

Über ihre erwähnte Funktion als Quelle für den Stoff seiner Geschichte hinaus prägt die erwähnte alte Chronik auch den Darstellungsstil des Erzählers: „An den Ufern der Havel lebte, um die Mitte des sechzehnten Jahrhunderts, ein Rosshändler, namens *Michael Kohlhaas*, Sohn eines Schulmeisters, [...]" (3); und später: „Er ritt einst mit einer Koppel junger Pferde, wohlgenährt alle und glänzend, [...]" (ebd.). Indem der Erzähler solcherart das Geschehen nacherzählt, organisiert er die Geschichte in einem linearen Handlungsstrang, der nur durch zwei kurze Rückblenden unterbrochen wird. Dass er das Geschehen aus einer großen zeitlichen Distanz berichtet, ermöglicht ihm einen souveränen Überblick über das

Lineare Handlung

Souveräner
Überblick

Ganze, der sich dem Leser bereits in den einleitenden Sätzen mitteilt: Mit den paradoxen Anmerkungen, dass Kohlhaas „einer der rechtschaffensten zugleich und entsetzlichsten Menschen seiner Zeit" (ebd.) und dass er zum „Räuber und Mörder" (ebd.) geworden sei, weckt er die Neugier des Lesers, da er bereits zu Beginn auf die spätere Handlung vorausdeutet.

Vorausdeutungen

Ganz im Stile eines um Authentizität bemühten Chronisten ergänzt er seinen Bericht durch (pseudo)historische Dokumente. So werden Kohlhaasens Mandate (28, 30), Luthers (36 f.) und des sächsischen Kurfürsten Plakate (47), Kohlhaas' Brief an Nagelschmidt (70 f.) und die Note des Kaisers (83) inhaltlich oder wörtlich zitiert. Umgekehrt vergleicht der Erzähler Chroniken miteinander und gibt die dennoch verbleibende Lücke in seiner Kenntnis zu: „Wohin er eigentlich ging und ob er sich nach Dessau wandte, lassen wir dahingestellt sein, indem die Chroniken, aus denen wir Bericht erstatten, an dieser Stelle auf befremdende Weise einander widersprechen und aufheben." (94) Die Erwähnung eines verloren gegangenen Dokuments, des Lutherbriefs, lässt stutzen:

Dokumente

> „Ja, er hatte noch die Genugtuung, den Theologen Jakob Freising als einen Abgesandten Doktor Luthers, mit einem eigenhändigen, ohne Zweifel sehr merkwürdigen Brief, der aber verloren gegangen ist, in sein Gefängnis treten zu sehen [...]" (ebd.).

Wie kann der Erzähler einen Brief, den er nicht kennen kann, als „sehr merkwürdig" kennzeichnen? Das von ihm erzeugte Bild der Objektivität erhält Risse.

Verständnis für seinen Helden trotz der großen zeitlichen Distanz versucht der Erzähler zu erzeugen, indem er eigene innere Erfahrungen auf Kohlhaas projiziert: „ein Entschluss [...], zu welchem vielleicht auch noch andere Gründe mitwirkten, die wir jedem, der in seiner Brust Bescheid weiß, zu erraten überlassen wollen" (63). Um Kohlhaas' Motive nachzuvollziehen, soll eine Übertragung von Gefühlen im Heute des Schreibers und Lesers auf Kohlhaas erfolgen. Jedoch hält sich der Erzähler zurück und nennt die Emotionen, die er sich denkt, nicht, sondern bezieht den Leser in diesen Prozess der Rekonstruktion Kohlhaasens mit ein. Das „Wir" ist nicht mehr

Projektionen

Anstiftung
zur Über-
einstimmung

nur bloßer Bescheidenheitsgestus, sondern stiftet den Leser insgeheim zur Übereinstimmung an. Noch an einer anderen Stelle wendet sich der Erzähler indirekt an den Leser, lässt ihm raffiniert die Freiheit des Glaubens an ihn und bringt somit den Rezeptionsprozess zur Sprache:

> „und wie denn die Wahrscheinlichkeit nicht immer auf Seiten der Wahrheit, so traf es sich, daß hier etwas geschehen war, das wir zwar berichten, die Freiheit aber, daran zu zweifeln, demjenigen, dem es wohlgefällt, zugestehen müssen […]" (90).

Wertungen

Mit gelegentlich eingestreuten, offen ausgesprochenen Wertungen des Geschehens und der Personen markiert der Erzähler neben der zeitlichen auch seine innere Distanz zum Geschehen. Gleich zu Beginn bezeichnet er Kohlhaas als einen „der rechtschaffensten zugleich und entsetzlichsten Menschen" (3) und verleiht ihm das Prädikat ‚außerordentlich' (vgl. ebd.). Seine Verwüstung der Tronka'schen Burg bewertet er als ‚jämmerliche Geschäfte' (vgl. 28) und seine Anmaßung der „provisorischen Weltregierung" (35) als ‚eine Art von Verrückung'. Auch die Ritter Hinz und Kunz von Tronka müssen sich das Urteil des Erzählers gefallen lassen: Sie selbst werden abschätzig als ‚stolze' (vgl. 58) und anlässlich ihrer Ränke gegen Kohlhaas als ‚arglistige Ritter' (vgl. 59), ihre Schachzüge vor Gericht als „Wendungen arglistiger und rabulistischer Art" (62 f.) gekennzeichnet. Der kommentarlos wiedergegebenen Meinung der Bevölkerung über Kohlhaasens Brandstiftung als „unerhörten Frevel" (31) und über Kohlhaas selber als „entsetzlichen Wüterich" (ebd.) schließt der Erzähler sich offenbar an.

Mit dieser zeitlichen und innerlichen Distanz zum Geschehen, seiner überlegenen Organisierung der Handlung, seinen Hinwendungen an den Leser und seinen Wertungen von Personen und Handlung weist sich der

Auktoriales
Erzählen

Erzähler als auktorialer aus. In der sprachlichen Gestaltung zeigt sich seine auktorial-erhöhte Position in der souveränen Beherrschung und Handhabung der komplexen Satzgefüge.

Doch die Erzählperspektive der Novelle ist nicht durchgängig als auktorial zu bezeichnen. Verschiedene Passagen sind durch rein personalen Erzählstil gekennzeichnet. Der Erzähler hält sich dort vollkommen zurück,

Personales
Erzählen

bericht das Geschehen, quasi mit dem Rücken zum Leser stehend, und enthält sich jeglichen Kommentars. Beispielsweise gibt der Erzähler beim Verhör Kohlhaasens mit seinem Knecht Herse die Äußerungen beider Personen in direkter Rede wieder. Solche Technik bietet dem Leser nicht nur eine ausgesprochene Plastizität und unmittelbare Wirkung, sondern beweist darüber hinaus die Zurückhaltung und Objektivität des Erzähler-Chronisten; die wörtliche Rede fungiert als authentisches Dokument.

Zurückhaltung des Erzählers

Direkte Rede

Ähnliche Zurückhaltung zeigt der Erzähler auch bei der Wiedergabe innerer Regungen der beteiligten Personen. Häufig vermeidet er es, die von ihm getreu referierten Spiegelungen innerer Vorgänge in Handlungen, Gesten und Mimik im Sinne ihres Aussagegehalts zu deuten. Diese Aufgabe überlässt er dem Leser. Als der Schlossvogt im Beisein des Junkers den Passierschein verlangt, erwähnt der Erzähler zwar das ‚verlegne Gesicht‘ (vgl. 6) des Junkers, doch der Leser muss allein zu dem Verdacht, dass hier etwas nicht stimmen könnte, finden. Die Furcht der Äbtissin wird beim ersten Anblick offenbar, sie ist „bleich wie Linnenzeug" und hält das „silberne Bildnis des Gekreuzigten in der Hand" (29). Was Kohlhaasens Geste im Gespräch mit Luther zu bedeuten hat, bleibt relativ offen; dass „er ans Fenster trat" (41), um in die Dunkelheit hinauszusehen, kann Nachdenklichkeit genauso gut wie resignierende Abwendung von Luther, der seinem Standpunkt wenig Verständnis entgegenbringt, bedeuten. Im Staatsrat hat Kunz die Verantwortung für die Affäre Kohlhaas auf sich genommen und sich so schützend vor den Kurfürsten gestellt. Als der Prinz von Meißen ihn später angreift und er den Kurfürsten betroffen ansieht, wird dieser „über das ganze Gesicht rot […] und trat ans Fenster" (45). Mit dieser Verlegenheitsgeste pflanzt der Erzähler dem Leser den Verdacht ein, dass der Kurfürst durchaus Mitwisser von Kunz sein könnte.

Schilderung innerer Regungen

Doch die Zurückhaltung und Objektivität des Erzählers ist nur eine scheinbare. In Wirklichkeit steuert er ganz geschickt die Aufmerksamkeit, Identifikation und Wertung des Lesers. Ganz wesentlich für die Analyse der Intention sind die offenen und versteckten Wertungen des Erzählers gegenüber Kohlhaas. Durch diese provoziert er den Leser zum eigenen Urteil.

Scheinbare Objektivität

Wertungen
des Erzählers
gegenüber
Kohlhaas

Die offene Beurteilung Kohlhaasens wandelt sich im Verlauf der Handlung. In der Einleitung bezeichnet der Erzähler Kohlhaas als „außerordentliche[n] Mann" (3), welches Urteil in den überaus positiven, aber auch widersprüchlichen Eigenschaften Kohlhaasens, die der Erzähler aufführt, begründet liegt. Solange Kohlhaas den Rechtsweg nicht verlässt, bleibt der Erzähler auch bei

Zustimmung

seiner positiven und zustimmenden Bewertung; er nennt Kohlhaas' vorzügliches Rechtsgefühl und beschreibt sein daraus erwachsendes besonnenes und vorbildliches Verhalten. Seine Selbstjustiz veranlasst ihn dann jedoch,

Ablehnung

ihn und sein Vorgehen zu verurteilen. Kohlhaas wird als ‚entsetzlicher Wüterich' (vgl. 31), später als ‚[rasender] Mordbrenner' (vgl. 33, 34, 35, 36) bezeichnet; die Bewertungen seiner Untaten steigern sich von ‚jämmerliche Geschäfte' (vgl. 28) zu ‚mörderische Anstalten' (vgl. 31). Als Grund für dieses Verhalten sieht der Erzähler „eine Schwärmerei krankhafter und missgeschaffener Art" (30) und eine ‚Art von Verrückung' (vgl. 35) an.

Doch sowie das Plakat Luthers eine Wandlung in Kohlhaasens Verhalten bewirkt, ändert sich mit dem Verhalten auch der Kommentar des Erzählers. Das Plakat hat es vermocht, Kohlhaas „in seiner ganzen Verderblichkeit, in der er dastand, plötzlich zu entwaffnen" (38). Der Erzähler lässt Luther Kohlhaas noch als ‚seltsamen Menschen' (vgl. 40) empfinden, doch als die beiden Tron-

Parteinahme
für Kohlhaas

kas ihren Gegenzug gegen Kohlhaas vorbereiten, nennt ihn der Erzähler „den armen Kohlhaas" (59), nach seiner Verurteilung in Dresden einen ‚sonderbaren und nicht verwerflichen Mann' (vgl. 72).

Verständnis

Bei aller Kritik an Kohlhaas lässt der Erzähler Verständnis für ihn trotzdem nicht vermissen; denn bei aller Verderblichkeit Kohlhaasens zeigt er ihn nicht als grundsätzlich böse, sondern als innerlich zerrissen. Die Szene am Stift hat in Kohlhaas keinerlei Befriedigung ausgelöst, vielmehr empfindet er „Schmerz in seiner unglücklichen Brust" (30). Die Einäscherung der Städte betreibt Kohlhaas nicht mit Lust, sondern er hat eine ‚zerrissene Brust' (vgl. 37). Selbst seine Hybris scheint dem Erzähler durch „Schwärmerei" (30) und „Verrückung" (35) noch entschuldbar.

Perspektivierung
auf Kohlhaas

Diese Mitteilung innerer Regungen Kohlhaasens ist Teil der weitgehenden Perspektivierung des Textes auf diesen. Der Leser begleitet Kohlhaas ständig bei seinen Erlebnissen und Erkenntnissen. So erfolgt die Rückblende, die den Erwerb und die Bedeutung der bleiernen Kapsel dem Leser aus der Perspektive Kohlhaasens entdeckt und damit mit ihrem Inhalt ins Zentrum der Aufmerksamkeit rückt, erst zu dem Zeitpunkt, da Kohlhaas selber die Bedeutung der Kapsel erfasst, obschon er sie schon länger besitzt. Dadurch, dass der Erzähler den Leser weitgehend auf Kohlhaasens Perspektive festlegt und ihm dessen innere Vorgänge durchaus verständnisvoll mitteilt, stiftet er ihn zur Solidarität mit diesem an. Damit nimmt er gleichzeitig versteckte Wertungen vor.

Solidarität mit Kohlhaas

Die offenen Wertungen des Erzählers gegenüber dem Geschehen stehen zuweilen in einem merkwürdigen Widerspruch zu den Empfindungen des Lesers. Nach der Zerstörung der Ritterburg mag sich aufgrund der Vorgeschichte bereits eine verhohlene Befriedigung im Leser breitgemacht haben, wenn der Erzähler diese Handlung im Sinne der bestehenden Ordnung und tradierten Moral als ,jämmerliche Geschäfte' (vgl. 28) wertet. Seine militärischen und taktischen Erfolge nötigen dem Leser eine geheime Bewunderung für diesen überlegenen Hasardeur auf, gegenüber dem der Junker zunehmend an Lächerlichkeit gewinnt und die Obrigkeit in ihrer Ungeschicklichkeit, Hilf-, Rat- und Machtlosigkeit schwächlich wirkt. So entsteht im Leser eine Spannung, die ihn durch die Frage, ob eine Ordnung, die eine so gut nachvollziehbare Reaktion einerseits verursacht und veranlasst hat und sie andererseits verurteilt und bekämpft, nicht selbst zu hinterfragen ist, zur vertieften Reflexion und zur eigenen Urteilsfindung herausfordert.

Widersprüchlichkeit der Wertungen

Reflexion des Lesers

Durch die Stellungnahme des Volkes erreicht Kohlhaas' Kampf für die eigene Sache in der Tat eine politische Dimension. Kohlhaas ruft den Hass des Volkes gegen die Tronkas wach: Es „nannte ihn [d. i. Wenzel] einen Blutigel, einen elenden Landplager und Menschenquäler" (33). Graf Wrede berichtet dem Kurfürsten, „dass der Rosshändler [...] bei der allgemeinen Unzufriedenheit, die wegen der Unziemlichkeiten des Kämmerers im Lande herrschte," (46 f.) auf großen Zulauf rechnen kann. Die Bevölkerung von Dresden empfängt Kohlhaas als „Würgeengel [...], der die Volksbedrücker mit Feuer

Politische Bedeutung von Kohlhaas' Kampf

und Schwert verfolge" (48). Der Leser wird den Eindruck nicht los, dass ein Kampf gegen eine ungerechte Ordnung nicht ungerecht sein kann.

Diese intendierte Parteinahme des Lesers für Kohlhaas wird durch die Wertungen des Erzählers gegenüber den Tronkas und dem Kurfürsten verstärkt. An keiner Stelle zeigt der Erzähler sich diesen gegenüber wohlwollend. Den versteckten Wertungen durch die Darstellung der Missstände am sächsischen Hof mit Vetternwirtschaft (vgl. 74), dem wenig ehrenhaften Gebaren der Ritter (vgl. 42 ff.) und der Passivität und Vergnügungssucht des Fürsten (vgl. 74 f.) entsprechen die offen ausgesprochenen: ‚stolze Ritter' (vgl. 58), ‚arglistige Ritter' (vgl. 59), „Wendungen arglistiger und rabulistischer Art" (62 f.). Angesichts dieser Gegnerschaft für den Helden Kohlhaas fasst der Erzähler wohl die Empfindungen des Lesers zusammen, wenn er den sächsischen Hof mit „Übermacht und Willkür" (71) bezeichnet. In den Passagen, in denen der Kurfürst den Platz im Zentrum der Darstellung einnimmt, findet er trotzdem nicht die Sympathie des Erzählers. Seine wiederholten Ohnmachtsanfälle lassen ihn recht schwächlich, wenn nicht gar lächerlich erscheinen. Als der Leser in der zweiten Rückblende, der Erzählung des Kurfürsten, den Inhalt des Zettels erfährt, ist er recht befremdet: Dass ein Landesherr seinem Wunderglauben erliegt und mit solcher Energie die Prophezeiungen von dermaßen zweitrangiger Bedeutung in Erfahrung zu bringen sucht, erscheint doch nicht sehr glaubhaft. Dass die Zukunft seiner Dynastie ihn mehr zu interessieren scheint als das Wohl seines Landes, setzt ihn in den Verdacht der Selbstsucht. Der Kurfürst ist bereit, zur Erlangung des Zettels jede Legalität zu verlassen und jede Würde fallen zu lassen. Seine Lüge gegenüber dem Prinzen, was seine Anordnung über die Absendung des Anwalts zum kaiserlichen Gericht in Wien betrifft, zeugt hiervon (vgl. 82).

Diesen Eindruck erzeugt der Erzähler im Leser durch die ausführliche Darstellung der Aktivitäten des Fürsten: die Missionen des Landjunkers und des Kämmerers, seine Briefe an den Kaiser und den brandenburgischen Kurfürsten und seine eigene Reise nach Berlin. Die Ausführlichkeit unterstützt der Erzähler durch Pseudo-Dokumente, deren Häufung im Zusammenhang mit den fieberhaften Aktivitäten des Kurfürsten zur Erlangung des Zettels in deutlichem Kontrast zu seiner vorherigen Passivität der Affäre Kohlhaas gegenüber stehen. Die freundliche Gesinnung des Kurfürsten von Brandenburg für Kohlhaas relativiert der Erzähler dadurch, dass dieser die Begnadigung Kohlhaasens, die ja von der Bevölkerung erwartet worden war, unterlässt.

Diese Handlungen jedoch offen zu bewerten, d. h. klar eine Kritik am Staatssystem zu formulieren, unterlässt der Erzähler tunlichst. In der oberflächlichen Fassade seiner Erzählung, zumal in der glorifizierenden Darstellung der Hinrichtungsszene, gibt er sich den Anschein einer der Obrigkeit freundlichen Gesinnung. Indem er dem Erzähler in seinem Erzählstil eine der öffentlichen Ordnung freundliche Haltung verleiht, die Fakten der Handlung aber für sich gegen den Hof sprechen lässt, schafft der Autor Kleist zwei gegenläufige Erzählebenen, deren tiefere sich erst bei sehr genauem Hinsehen offenbart. In dieser strukturellen Ironie verbirgt sich die Kritik an bestehenden Verhältnissen. Ohne für dessen Unschuld oder Straffreiheit zu plädieren, hat Kleist die Frage angerissen, ob ein ‚außerordentlicher Mann' wie Kohlhaas, den sein Rechtsgefühl zum Räuber und Mörder macht, der die Zivilcourage und das Durchhaltevermögen aufbringt, sich gegen Ungerechtigkeit und Willkür zur Wehr zu setzen, so gar keiner mildernden Umstände würdig ist und ob diese bestehende Ordnung in ihrer Fragwürdigkeit weiter bestehen soll.

Solche Gedanken offen zu formulieren, konnte in der Kleist-Zeit für den Verfasser (lebens)gefährlich sein, und würde auch den überzeitlichen Metaphern- und Parabelcharakter von Literatur verfehlen. Daher vermeidet es ein Autor, mit einem Seitenblick auf die Zensur, eine aktuelle Tagespolemik zu schreiben, fasst seine Konzepte in eine Geschichte, die unter Umständen von einem strategischen Versteckspiel wie dem oben dargestellten geprägt ist, beschert dem Leser den Genuss einer anregenden Erzählung mit beeindruckenden Bildern und kann sich deren unmittelbaren Wirkung sicher sein.

Scheinbare Freundlichkeit des Erzählers

Strukturelle Ironie

Kritik an bestehender Ordnung

Strategie der Verkleidung

Ästhetisierung

Motive und Symbole

Symbolische
Bedeutung
der Rappen

Der Streit zwischen Kohlhaas und dem Junker entzündet sich an zwei Pferden. Doch schon bald wird deutlich,
dass die beiden Rappen nicht mehr der zentrale Streit-
punkt sind: „[Kohlhaas] hätte gleichen Schmerz empfunden, wenn es ein Paar Hunde gegolten hätte" (18).
Trotzdem bleiben sie in der gesamten Handlung präsent
und erlangen eine symbolische Bedeutung. Als solches
immer wiederkehrendes Symbol erhalten sie die erzähltechnische Funktion eines Leitmotivs.

Begriffs-
bestimmung:
Symbol

Ein Symbol ist ein Gegenstand, Vorgang oder eine Situation, die auf einen höheren, abstrakten, ideellen Bereich
verweisen. Symbole erhalten erst in einem bestimmten
Kontext und Sinnzusammenhang ihre Bedeutung, die
nicht immer eindeutig sein kann, weil sie vom Erfah-
rungs- und Wissenshorizont des Lesers abhängig ist.
Symbolische Bedeutung wird immer vom Leser konsti-
tuiert.

Begriffs-
bestimmung:
Leitmotiv

Unter einem Leitmotiv versteht man ein wiederkehrendes, sinnkonstituierendes Symbol oder eine solche
Wortfolge mit gliedernder und verbindender Funktion.
Es dient zur Akzentuierung und Verdichtung des Geschehens.

Die Rappen

Die Rappen
als Leitmotiv

Die beiden Rappen, an denen sich der Streit entzündet,
erlangen im Verlauf des Textes die Bedeutung eines Leitmotivs. Über ihre Bedeutung für die Handlung, nämlich
Anlass und Gegenstand des Rechtsstreits, hinaus verweisen sie auf tiefere Bedeutungsschichten; sie repräsentie-

Symbol
für Kohlhaas

ren symbolisch Kohlhaasens Status, seine innere und
moralische Befindlichkeit und sein gesellschaftliches
Ansehen. Demgemäß verändert sich ihr Zustand im Verlauf der Handlung.

Intakte Welt

Kohlhaas tritt zu Beginn des Textes als der stolze, selbstbewusste und integre Bürger auf. Dem entspricht auch
die Beschreibung der Pferde: „wohlgenährt alle und
glänzend" (3) und „wie Hirsche [..., wie] im Lande keine bessern gezogen werden" (5). Die Pferde stehen für
den durch Arbeit und Handel erworbenen Besitz, worauf
der Rosshändler seinen Stolz und sein Selbstverständnis

gründet, woraus er seine Legitimation bezieht. Der glänzende Zustand der Pferde steht gleichzeitig für Kohlhaasens Integrität und Souveränität.

Durch den illegalen und willkürlichen Übergriff auf die Tronkenburg wird Kohlhaas in eben diesen Eigenschaften angegriffen. Man nimmt ihm mit den Pferden seine Existenzgrundlage, verletzt die Gesetze, deren Schutz Kohlhaas mit seinem friedlichen Gewerbe so dringend bedarf, und greift ihn so in seinem gesamten Selbstverständnis an. Kohlhaas begreift diesen Akt auf der Burg auch nicht als Kavaliersdelikt, sondern als tiefste Beleidigung. Dieser angegriffenen Integrität des Bürgers entspricht der Zustand der Pferde nach ihrem Missbrauch zur Feldarbeit: „ein paar dürre, abgehärmte Mähren […] – das wahre Bild des Elends im Tierreich" (8).

Verletzung von Kohlhaas' Würde

Als Kohlhaas sich nach den misslungenen Versuchen, von einer korrupten Rechtsprechung sein Recht zu erhalten, mit seinem Rachefeldzug gegen den Junker selbst ins Unrecht gesetzt hat, ist seine moralische Integrität zerbrochen. Zwar begibt er sich nach dem Gespräch mit Luther wieder zurück in den Rahmen der Gesetze, doch nach der Abdeckerszene auf dem Marktplatz in Dresden ist sein „Wille […] in der Tat gebrochen" (58). Dort waren ihm die Pferde im erbärmlichsten Zustand wiederbegegnet. Zu ihrem elenden körperlichen Zustand ist ihr Besitzstatus gekommen, als Pferde eines Abdeckers sind sie zu Schindmähren herabgekommen. Das Volk kann sich hierüber zunächst noch amüsieren, „unter unendlichem Gelächter einander zurufend, dass die Pferde schon, um derenthalben der Staat wanke, an den Schinder gekommen wären" (52); doch nach dem Tumult wendet sich die Stimmung des Volkes:

Verlust der moralischen Integrität

> „Man fand das Verhältnis desselben zum Staat ganz unerträglich, und in Privathäusern und auf öffentlichen Plätzen erhob sich die Meinung, dass es besser sei, ein offenbares Unrecht an ihm zu verüben und die Sache von neuem niederzuschlagen, als ihm Gerechtigkeit, durch Gewalttaten ertrotzt, in einer so nichtigen Sache, zur bloßen Befriedigung seines rasenden Starrsinns zukommen zu lassen." (58)

Das Volk entzieht Kohlhaas seine Sympathie und Solidarität, welche daraus entstehende Einsamkeit in dem

Zustand der Pferde ihre Entsprechung findet. Kohlhaas wie die Pferde sind auf dem Tiefpunkt angelangt.

Kurz vor seiner Hinrichtung erreicht Kohlhaas seinen ehemaligen Zustand der moralischen Integrität wieder.

Ihm geschieht sein Recht, denn seine Klage gegen den Junker war erfolgreich und ihr ist in allen Punkten stattgegeben worden. Kohlhaas sühnt jedoch die von ihm begangenen Ungerechtigkeiten und Untaten mit seinem Tod. So verwundert es nicht, dass die Rappen ihm in dieser Szene wieder in prächtigem Zustand entgegentreten. Die „von Wohlsein glänzenden, die Erde mit ihren Hufen stampfenden Rappen" (96) als Symbol für Kohlhaas' wiederhergestellte Integrität sind würdig, von ihm als Geschenk an seine beiden Söhne weitergegeben zu werden.

Das Amulett

Wenn die beiden Rappen im zweiten Teil der Erzählung zeitweilig ganz aus dem Blickfeld des Lesers geraten, tritt ein anderes Symbol mit leitmotivischem Charakter an ihre Stelle: das Amulett mit dem bedeutungsvollen Zettel als Inhalt. Wie die beiden Rappen hat auch dieses eine über seine Bedeutung für den Fortgang der Handlung hinausweisende Ebene. Als das Amulett ins Zentrum der Aufmerksamkeit rückt, obwohl Kohlhaas es ja schon viel früher besessen hat, kehrt es die Richtung des Geschehens um.

Mit dem Zettel besitzt Kohlhaas ein Mittel fast absoluter Macht über den Kurfürsten. Auf einer ersten Sinnebene steht die Kapsel für diese Macht. Doch auch der Inhalt des Zettels ist bedeutungsvoll. Mit den Prophezeiungen über die Zukunft der Dynastie des Kurfürsten hat die Zigeunerin den zentralen Bereich der Selbstlegitimation des Kurfürsten getroffen. Ein durch das Geburtsrecht aufgestiegener Landesherr ist von seiner Genealogie in hohem Maße abhängig. Nur so erklärt sich das starke Interesse des Kurfürsten an dem Zettel. Im Verlaufe seiner Bemühungen zur Erlangung des Zettels begibt sich der Kurfürst fast ganz seiner Macht und Würde. Kohlhaasens Vernichtung des Zettels deutet die endgültige Entmachtung des Kurfürsten an. Für diese Bereiche steht das Amulett symbolisch, für Kohlhaasens Macht über den Kurfürsten, dessen Selbstlegitimation und Verlust von Macht und Würde.

Körpersprache

An verschiedenen Stellen gelingt es dem Erzähler, dem Leser trotz seiner Zurückhaltung die inneren Befindlichkeiten seiner Personen mitzuteilen. Körperliche Äußerungen, Gesten, Mimik symbolisieren den inneren Zustand der Personen.

Die Ohnmachten des Junkers und des Kurfürsten verdeutlichen die Furcht, Verzweiflung und den Verlust von Haltung. Das Wort Ohnmacht sagt im wörtlichen Sinn etwas über ihren Zustand aus: ohne Macht über sich und andere.

Ohnmacht

Erröten zeigt an verschiedenen Stellen die Verlegenheit der Personen an, so zum Beispiel die des Kurfürsten, als Kunz ihn im Staatsrat betroffen ansieht (vgl. 45). Auch Kohlhaas fühlt angesichts von Luthers Vorwürfen im Plakat tiefe Betroffenheit: „Eine dunkle Röte stieg in sein Antlitz empor" (38). Tränen und verlegene Gesichter erfüllen im Wesentlichen die gleiche Funktion.

Erröten

An einigen entscheidenden Stellen lässt der Erzähler Personen ans Fenster treten. Zunächst einmal hat diese Geste dramaturgische Funktion. Sie weist auf Gedanken und Gefühle der Personen hin. Der Erzähler lässt Kohlhaas seine Resignation im Gespräch mit Luther gegenüber dessen Verständnislosigkeit ausdrücken, „indem er ans Fenster trat" (41). Der Kurfürst von Sachsen versucht, seine Verlegenheit im Staatsrat zu verbergen, indem er ans Fenster tritt (vgl. 45).

Dramaturgische Funktion einer Geste

Ausdruck innerer Regungen

Die Geste weist aber auch auf unausgesprochene Voraussetzungen für Handlungen und Aussagen hin. Der Prinz von Meißen stellt Kohlhaas eine Wache zur Seite und, „indem er ans Fenster trat" (49), weist er auf deren Schutz- statt Bewachungsfunktion hin, da die vor dem Fenster stehende Menschenmenge eine solche Schutzmaßnahme geraten sein lässt.

Verweisende Funktion

Darüber hinaus hat die Geste verbindende Funktion, und darin zeigt sich die Bedeutung eines solchen Leitmotivs für die Komposition eines Textes. Das Ans-Fenster-Treten verknüpft wichtige Momente der Handlung und schafft sowohl eine gedankliche Verbindung als auch

Verknüpfung wichtiger Szenen

eine Gliederung: Der Junker und seine Ritter eilen ans Fenster, um die erwähnten Pferde zu betrachten (vgl. 5); Kohlhaas tritt im Gespräch mit Luther, ohne wegen der Nacht eine interessante Aussicht erwarten zu können, ans Fenster (vgl. 41); der Kurfürst begibt sich während der Staatsratssitzung errötend ans Fenster (vgl. 45); der Prinz von Meißen tritt während seines Besuchs beim soeben in Dresden eingetroffenen Kohlhaas ans Fenster und verordnet ihm dabei Wachen (vgl. 49); der Freiherr von Wenk tritt aus Scham über sein Missgeschick ans Fenster (vgl. 55); Kohlhaas entdeckt die Veränderung seiner Bewachung, als er „mit einem Schritt […] an das Fenster seines Hinterstübchens trat" (65); und Kunz beginnt sein Unternehmen in Berlin zur Erlangung des Zettels, indem er sich Kohlhaas zeigt, „da derselbe in harmloser Betrachtung der Vorübergehenden am Fenster seines Gefängnisses stand" (89). Diese Auflistung lässt erkennen, dass für die Entwicklung der Handlung wichtige Szenen durch die Geste des Ans-Fenster-Tretens miteinander verbunden werden.

Sprache und Stil

> „Es kann von Manieriertheit nicht die Rede sein, wo soviel Ernst, Natur, persönliche Notwendigkeit herrschen. Ein Impetus, in eiserne, völlig unlyrische Sachlichkeit gezwungen, treibt verwickelte, verknotete, überlastete Sätze hervor, in denen immer wieder mit verschachtelten ‚dergestalt, daß' – Konstruktionen gewirtschaftet wird, und die geduldig geschmiedet zugleich und von atemlosem Tempo gejagt wirken."

So charakterisiert Thomas Mann im Vorwort zu einer Novellenausgabe Kleists Sprache, wie man es kaum treffender vermag. Die auffälligsten Merkmale dieser in der gesamten deutschen Literatur einzigartigen Sprache sind ihre ungeheure Ökonomie bei gleichzeitiger Kompliziertheit.

Der komplexe Satzbau fällt dem Leser bei der Lektüre wohl als erstes ins Auge und bereitet ihm wohl auch einige Mühe. Zur näheren Betrachtung sei ein typisches „Satzungetüm" herangezogen.

„Ich, der mit meinem Haufen eben in einem Wirtshause
abgestiegen und auf dem Platz, wo dieser Vorfall sich
zutrug, gegenwärtig war, konnte hinter allem Volk am
Eingang einer Kirche, wo ich stand, nicht vernehmen,
was die wunderliche Frau den Herren sagte; dergestalt,
dass, da die Leute einander lachend zuflüsterten, sie tei-
le nicht jedermann ihre Wissenschaft mit, und sich des
Schauspiels wegen, das sich bereitete, sehr bedrängten,
ich, weniger neugierig, in der Tat, als um den Neugierigen Platz zu machen, auf eine Bank stieg, die hinter mir
im Kircheneingange ausgehauen war." (77)

Die Satzebenen und Bezüge soll eine graphische Analyse
verdeutlichen (siehe Grafik auf S. 86 f.).

Der Hauptsatz „Ich [...] konnte hinter allem Volk am
Eingang einer Kirche [...] nicht vernehmen" benötigt
zur Vervollständigung seines Sinngehalts den Objektsatz „was die wunderliche Frau den Herren sagte". Die
zum Hauptsatz gehörige Lokaladverbiale „hinter allem
Volk am Eingang einer Kirche" gibt außer der präzisen
Ortsangabe, wo Kohlhaas sich befindet, auch gleichzeitig den Grund für das Nicht-Verstehen-Können an. Der
Satz ist darum so unüberschaubar, weil die grammati-
tisch eng zusammengehörigen Satzglieder Subjekt und
Prädikat durch die vielen eingeschobenen Gliedsätze
getrennt werden. Die Gliedsätze dienen der genaueren
Bestimmung der im Hauptsatz enthaltenen Informationen, wobei auch der erste Relativsatz „der mit meinen
[...] gegenwärtig war", der gleichzeitig Vorgeschehen
nachholt, seinerseits durch einen eingeschobenen Attributsatz unterbrochen und näher erläutert wird.

Die Konjunktion „dergestalt, dass" verknüpft den folgenden Nebensatz „dergestalt, dass ich auf eine Bank stieg"
mit dem Hauptsatz. Diese Konjunktion suggeriert ein
konsekutives oder modales Verhältnis des Nebensatzes
zum Hauptsatz. Streng genommen ist diese Verknüpfung
jedoch unlogisch, der Nebensatz könnte als eigenständi-
ger Hauptsatz stehen. Der Hauptsatz verliert seine Dominanz und wird gewissermaßen zur Voraussetzung der im
Prinzip bedeutsameren Handlung im Nebensatz.

Die obere Satzebene des Nebensatzes benötigt als notwendige Ergänzung den finalen Adverbialsatz „weniger neugierig, in der Tat, als um den Neugierigen
Platz zu machen". Auch der Nebensatz wird in seinem

*Analyse der
syntaktischen
Bezüge*

Hauptsatz

Konjunktion

Nebensatz

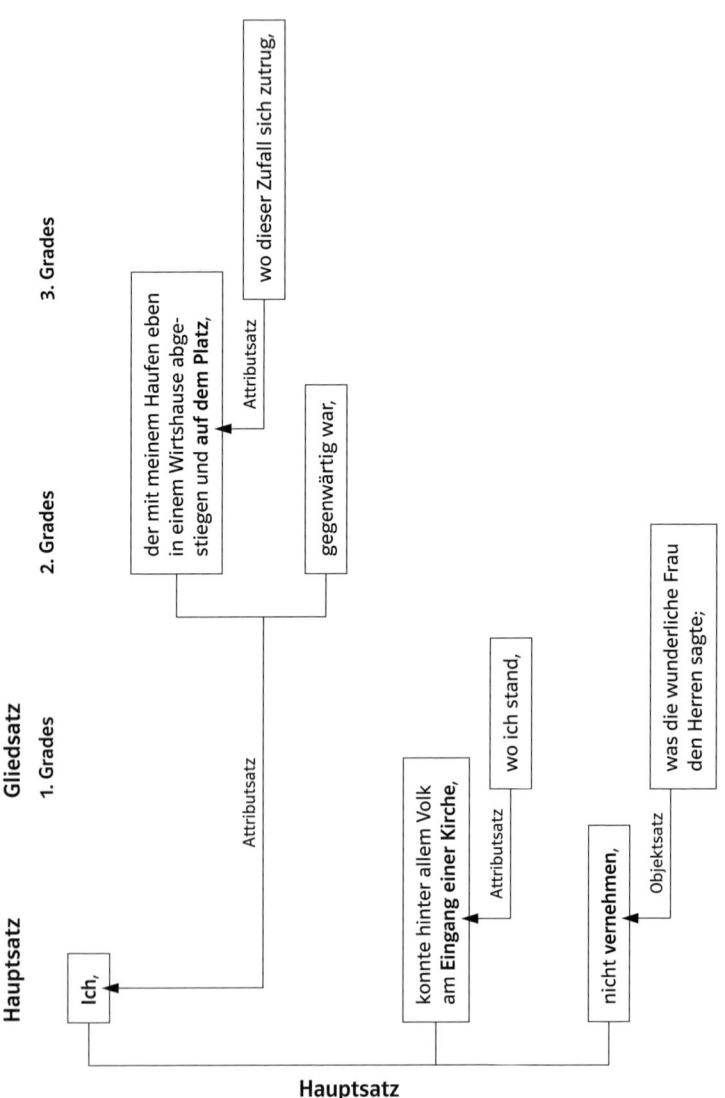

Hauptsatz

Gliedsatz

1. Grades 2. Grades 3. Grades

Ich,

der mit meinem Haufen eben in einem Wirtshause abgestiegen und **auf dem Platz,**

wo dieser Zufall sich zutrug,

gegenwärtig war,

Attributsatz

Attributsatz

konnte hinter allem Volk am **Eingang einer Kirche,**

wo ich stand,

Attributsatz

nicht vernehmen,

was die wunderliche Frau den Herren sagte;

Objektsatz

Hauptsatz

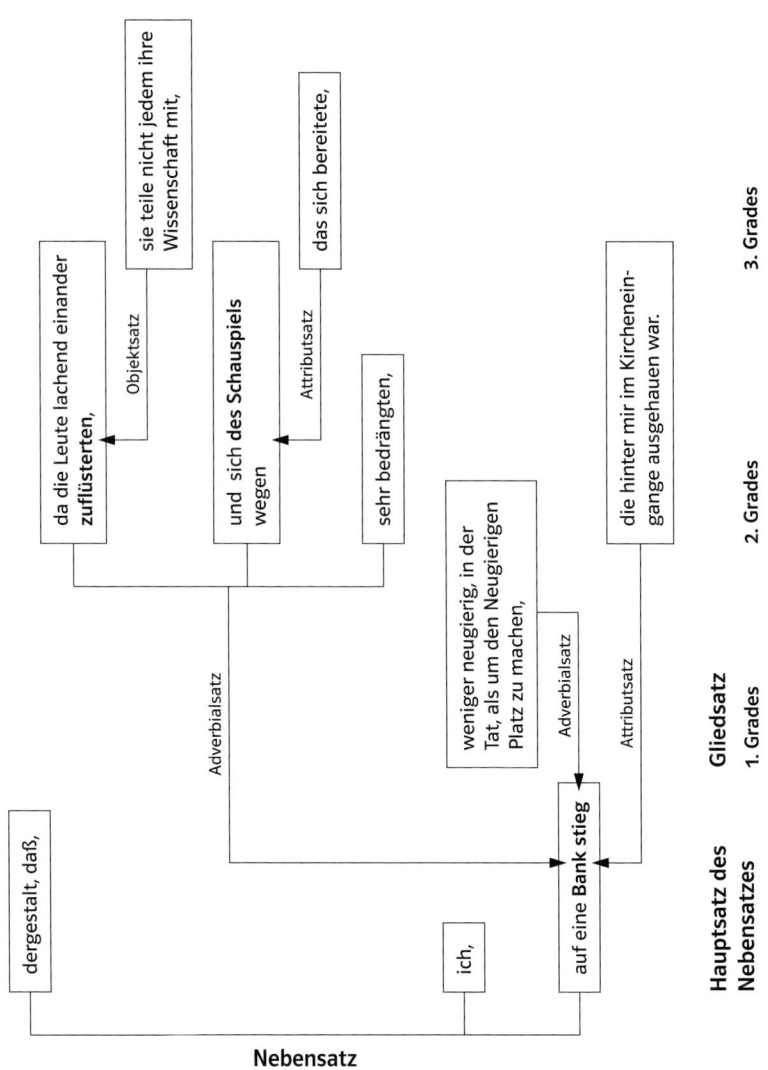

		sie teile nicht jedem ihre Wissenschaft mit,		
da die Leute lachend einander **zuflüsterten**,		Objektsatz		
		das sich bereitete,		
und sich **des Schauspiels** wegen		Attributsatz		
	sehr bedrängten,			

Adverbialsatz

		die hinter mir im Kircheneingange ausgehauen war.
weniger neugierig, in der Tat, als um den Neugierigen Platz zu machen,		
	Adverbialsatz	
auf eine **Bank stieg**	Attributsatz	

dergestalt, daß,		
ich,		

Nebensatz

| **Hauptsatz des Nebensatzes** | **Gliedsatz** 1. Grades | 2. Grades | 3. Grades |

überschaubaren Fluss von einem kausal/temporal zu verstehenden Adverbialsatz unterbrochen „da die Leute lachend einander zuflüsterten [...] und sich des Schauspiels wegen [...] sehr bedrängten", in den wieder ein Objekt- und ein Attributsatz eingehängt sind.

Theoretische Äußerung Kleists

Kleist hat sich in seinem Aufsatz „Über die allmähliche Verfertigung der Gedanken beim Reden" theoretisch über den Sinn dieser komplexen Gebilde geäußert. Er unterscheidet zwei Möglichkeiten, Gedanken zum Ausdruck zu bringen. Die erste, ihm nicht gemäße, ergibt

Formulierung fertiger Gedanken

sich, „wenn der Geist schon, vor aller Rede, mit dem Gedanken fertig ist". Bei der zweiten Möglichkeit entwickelt sich der Gedanke überhaupt erst im erregten

Allmähliche Entfaltung von Gedanken

Fortgang der Rede, welche Möglichkeit daher der Entwicklung der Gedanken viel mehr entspricht. Kleist beweist seine These, indem er sie formuliert:

> „Aber weil ich doch irgendeine dunkle Vorstellung habe, die mit dem, was ich suche, von fernher in Verbindung steht, so prägt, wenn ich nur dreist damit den Anfang mache, das Gemüt, während die Rede fortschreitet, in der Notwendigkeit, dem Anfang nun auch ein Ende zu finden, jene verworrene Vorstellung zur völligen Deutlichkeit aus, dergestalt, dass die Erkenntnis, zu meinem Erstaunen, mit der Periode fertig ist." (Kleist, 1973, S. 49)

Der komplexe Satz zeigt durch seine Gestalt nicht nur die langsame Entfaltung eines Gedankens auf, sondern erwähnt auch mögliche Nebengedanken und Begründungen und stellt deren tatsächliche Simultaneität her.

Satz als formale Einheit

Durch die verschachtelte Zusammenfassung von Informationen, die sich ohne weiteres auf mehrere Sätze verteilen ließen, und die stauende Verknüpfung durch die Konjunktion „dergestalt, dass" schafft Kleist formale Sinneinheiten mit einem starken Sog auf ihr jeweiliges Ende hin.

Diesen atemlosen Sog, der der Kleist'schen Sprache innewohnt, soll ein Ausschnitt aus einer der dramatischsten Passagen verdeutlichen.

> „Kohlhaas seufzte bei dieser Nachricht tief auf; er fragte, ob die Pferde gefressen hätten, und da man ihm antwortete: ja, so ließ er den Haufen aufsitzen und stand schon in drei Stunden vor Erlabrunn. Eben, unter dem

Gemurmel eines entfernten Gewitters am Horizont, mit Fackeln, die er sich vor dem Ort aufgesteckt, zog er mit seiner Schar in den Klosterhof ein, und Waldmann, der Knecht, der ihm entgegentrat, meldete ihm, dass das Mandat richtig abgegeben sei, als er die Äbtissin und den Stiftvogt in einem verstörten Wortwechsel unter das Portal des Klosters treten sah; und während jener, der Stiftvogt, ein kleiner, alter, schneeweißer Mann, grimmige Blicke auf Kohlhaas schießend, sich den Harnisch anlegen ließ und den Knechten, die ihn umringten, mit dreister Stimme zurief, die Sturmglocke zu ziehen, trat jene, die Stiftsfrau, das silberne Bildnis des Gekreuzigten in der Hand, bleich wie Linnenzeug, von der Rampe herab und warf sich mit allen ihren Jungfrauen vor Kohlhaasens Pferd nieder." (29)

Der Überfall auf das Stift umfasst insgesamt nicht mehr als vier Sätze. Die Handlung schreitet von Satz zu Satz unaufhaltsam unter ständiger Spannungssteigerung voran. Es wäre ein Leichtes, die komplexen Satzgefüge in eine Reihung von einzelnen Sätzen aufzulösen. Der erste Satz lautete dann: ‚Kohlhaas seufzte bei dieser Nachricht tief auf. Er fragte, ob die Pferde gefressen hätten. Man antwortete ihm: ja. Er ließ den Haufen aufsitzen. In drei Stunden waren sie in Erlabrunn.' Doch Kleist verklammert die Einzelhandlungen durch Konjunktionen eng miteinander zu einem kunstvollen Ganzen. Diese Konjunktionen schaffen zwischen den einzelnen Handlungselementen Verknüpfungen kausaler, modaler, konsekutiver und temporaler Art. Dadurch erreicht Kleist eine flexible Synchronisierung oder Trennung zeitlicher Abläufe. Dieser Sprachstil erinnert an Filmtechnik. An Filmtechnik erinnert auch, wie Kleist zuweilen die Perspektive führt und so große Plastizität erreicht:

Steigerung der Spannung

Verknüpfung durch Konjunktionen

Synchronisierung zeitlicher Abläufe

Filmtechniken

> „der Freiherr, der, über das ganze Gesicht rot, ans Fenster getreten war, empfahl sich ihm gleichfalls; und beide gingen, begleitet von den drei durch den Prinz von Meißen eingesetzten Landsknechten, unter dem Tross einer Menge von Menschen, nach dem Schlossplatz hin." (55)

Dieser Satz lässt sich ohne Mühe in eine Sequenz von Kameraeinstellungen übertragen.

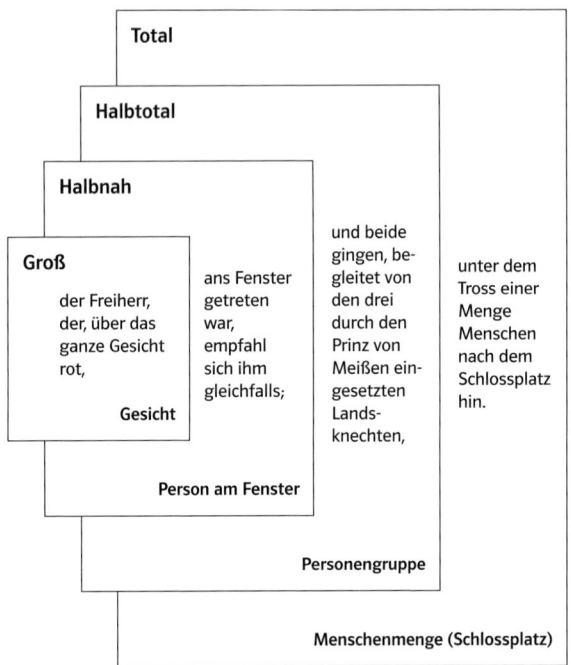

Total

Halbtotal

Halbnah

Groß

		und beide	
der Freiherr, der, über das ganze Gesicht rot,	ans Fenster getreten war, empfahl sich ihm gleichfalls;	gingen, begleitet von den drei durch den Prinz von Meißen eingesetzten Landsknechten,	unter dem Tross einer Menge Menschen nach dem Schlossplatz hin.

Gesicht

Person am Fenster

Personengruppe

Menschenmenge (Schlossplatz)

Aktionsstil

Dem Film verwandt ist auch der vorherrschende Aktionsstil. Durch die Dominanz der Verben wird der Sprachstil dynamisiert und die Handlung dramatisiert:

> „Er fiel auch mit diesem kleinen Haufen, schon beim Einbruch der dritten Nacht, den Zollwärter und Torwächter, die im Gespräch unter dem Tor standen, niederreitend, in die Burg, und während, unter plötzlicher Aufprasselung aller Baracken im Schlossraum, die sie mit Feuer bewarfen, Herse, über die Wendeltreppe, in den Turm der Vogtei eilte, und den Schlossvogt und Verwalter, die, halb entkleidet, beim Spiel saßen, mit Hieben und Stichen überfiel, stürzte Kohlhaas zum Junker Wenzel ins Schloß." (26)

Vermeidung ausmalender Elemente

Bei dieser Bevorzugung des Verbs und den Ausdrücken der Bewegung vermeidet Kleist die beschreibenden und ausmalenden Elemente. Dadurch erhält sein Stil einen ausgesprochen herben Charakter von großer Knappheit und Prägnanz. Zum Beispiel steht die karge Schilderung von Lisbeths Verletzung in krassem Widerspruch zur emotionalen Bedeutung derselben:

Knappheit und Prägnanz

> „Denn schon nach wenig Tagen zog Sternbald in den Hof wieder ein, Schritt vor Schritt den Wagen führend, in welchem die Frau, mit einer gefährlichen Quetschung an der Brust, ausgestreckt darniederlag. [...] Es schien, sie hatte sich zu dreist an die Person des Landesherrn vorgedrängt und, ohne Verschulden desselben, von dem bloßen rohen Eifer einer Wache, die ihn umringte, einen Stoß mit dem Schaft einer Lanze vor die Brust erhalten." (23 f.)

Schließlich erinnert noch die Faktizität des Erzählens an ein Filmdrehbuch. Dialoge werden plötzlich aus der indirekten Rede hervorgehoben und erhalten so Zitatcharakter:

Faktizität

> „Kohlhaas [...] fragte sie: ob sie sein Mandat erhalten, und da die Dame mit schwacher, kaum hörbarer Stimme antwortete: ,Eben jetzt!' – ,Wann?' – ,Zwei Stunden, so wahr mir Gott helfe, nach des Junkers, meines Vetters, bereits vollzogener Abreise!' [...]" (29 f.).

Mimik und Gesten werden an verschiedenen Stellen mit der Akkuratesse von Regieanweisungen notiert und sind von einer stummen Beredsamkeit:

> „Der Kämmerer, indem er für ihn und den Kurfürsten Stühle von der Wand nahm und auf eine verbindliche Weise ins Zimmer setzte, [...]. Der Prinz, indem er den Stuhl, ohne sich zu setzen, in der Hand hielt und ihn ansah, [...]." (45)

Das Bewusstsein und feine Gespür Kleists beim Organisieren des sprachlichen Ausdrucks bis ins kleinste Detail hinein hat sich bereits in der Inhaltsanalyse gezeigt, als er der Hinrichtung Kohlhaasens, die in diesem Moment fast zur Nebensache wird, nur noch einen Nebensatz widmet. Der komplexe Satz bildet bei Kleist eine zentrale Sinn- und Formeinheit mit ökonomischster Verknüpfung. Die unmittelbare Transformation von Bewegung in Sprache bei Kleist sucht in der deutschen Literatur ihresgleichen.

Überlegene Organisierung der Sprache

Rezeptionsgeschichte

Kleists Kohlhaas-Rezeption

Der historische
Kohlhaas

Quellen

Der Fall des Pferdehändlers Kohlhaas ist historisch belegt und bildet keine Erfindung Kleists. Kleist bezog den Stoff für seine Novelle aus verschiedenen Quellen: Die drei Chroniken von Peter Hafftitz, Nicolaus Leutinger und Balthasar Mentz werden von einem tatsächlich überlieferten Luther-Brief an den Bürger Hans Kohlhase, den Kleist aber nicht wörtlich übernimmt, ergänzt (vgl. EuD II, S. 58 ff.).

Die Handlung der Novelle stimmt mit den Berichten in den Chroniken in weiten Teilen überein. Dem historischen Hans Kohlhase widerfuhren Rechtsverletzungen um seine Pferde. Die Rechtsinstanzen verweigerten ihm sein Recht, woraufhin er seinen Rachefeldzug startete, in den die beiden Länder Sachsen und Brandenburg verwickelt wurden. Für diesen Rechtsbruch wurde Kohlhase mit dem Tode bestraft.

Abweichungen
von den histo-
rischen Vorlagen

In verschiedenen Punkten weicht die Novelle jedoch von den Quellen ab. So bilden der Tod der Frau und der gesamte zweite Teil des Textes mit den Verwicklungen um die Kapsel und dem Eingreifen des Kaisers Kleists ureigene Erfindungen. Die erzählerische Ausgestaltung und Ergänzung durch eigene Erfindungen eines vorgefundenen (realen) Geschehens erlaubten es Kleist, in seinem Text mit für ihn typischen Perspektiven und sprachlichen Elementen eine Geschichte zu gestalten, die gegenüber dem nicht sinnbestimmten historischen Geschehen eine Sinnbestimmung erfahren hat.

Historisches
Geschehen

Historisches Geschehen an sich ist nicht sinnbestimmt, sondern erst die Interpretation weist ihm einen bestimmten Sinn zu. Sinnbestimmende Instanz sind die in jedem Menschen vorhandenen Konzepte. Konzepte sind Teil des Weltbildes eines jeden Einzelnen, sie sind sein Bezugssystem von psychischen, moralischen, politischen Einstellungen und Gedanken, Gefühlen und Empfindungen. Dieses Bezugssystem hat sich allmählich gebildet und bildet sich beständig fort. Formende Kräfte hierfür sind die direkten und indirekten Erfahrungen der Welt

Sinnstiftende
Konzepte

eines jeden und seine Reaktionen darauf. Wie die Welterfahrungen die inneren Konzepte hervorbringen und verändern, unterwerfen ihrerseits die Konzepte jede Welterfahrung einer Interpretation und Wertung.

Viele Einzelheiten aus Kleists Biographie haben in ihm die Konzepte entstehen lassen, die ihn den historischen Kohlhase-Stoff als geeignete Möglichkeit erkennen ließen, seine staats- und rechtsphilosophisch moderne Einstellung im historischen Gewand darzustellen. Auf der Grundlage dieser Konzepte filtert er aus der historischen Vorlage die ihm wichtig erscheinenden Elemente heraus, verändert andere, fügt neue hinzu und entwirft so eine sinnbestimmte, von dem historischen Stoff zum Teil abweichende Geschichte. Diese Abweichungen von der historischen Vorlage geben wichtige Hinweise für Rückschlüsse auf die Konzepte des Autors. Nur jemandem, der mit den progressiven Forderungen der Aufklärung sympathisierte, konnte der historische Kohlhase als geeignete Identifikationsfigur und beeindruckender Modellfall erscheinen.

Der Kohlhaas-Mythos

Kleists Novelle „Michael Kohlhaas" hat eine außerordentlich große Verbreitung gefunden und wird allenthalben als „Meisterwerk" bezeichnet. Sie ist in etwa dreißig Sprachen übersetzt worden und erfuhr sehr viele Bearbeitungen (Dramatisierungen, Gegendarstellungen, Verfilmung). Schriftsteller äußerten sich widersprechend zu dem Werk:

> „Goethe tadelt an ihm die nordische Schärfe des Hypochonders; es sei einem gereiften Verstande unmöglich, in die Gewaltsamkeit solcher Motive, wie er sich ihrer als Dichter bediene, mit Vergnügen einzugehen. Auch in seinem ,Kohlhaas', artig erzählt und geistreich zusammengestellt, wie er sei, komme doch alles zu ungefüg. Es gehöre ein großer Geist des Widerspruchs dazu, um einen so einzelnen Fall mit so durchgeführter, gründlicher Hypochondrie im Weltlaufe geltend zu machen. Es gebe ein Unschönes in der Natur, ein Beängstigendes, mit dem sich die Dichtkunst bei noch so kunstreicher Behandlung weder befassen, noch aussöhnen könne."

(Lebensspuren, Nr. 384)

Wirkungsgeschichte

Äußerungen zu „Michael Kohlhaas"

Goethe

Clemens Brentano dagegen schreibt:

> „Von seinen Arbeiten habe ich im Phöbus mit ungemei-
> nem Vergnügen die ersten zwei Akte des Trauerspiels
> Käthchen von Heilbronn und die Erzählung Kohlhaas
> gelesen, worin vieles sehr hart, vieles aber ungemein
> rührend und vortrefflich gedichtet ist, […]."
>
> (Lebensspuren, Nr. 346)

Dessen Zustimmung teilt Achim von Arnim:

> „[…] eine treffliche Erzählung, wie es wenige gibt […]."
>
> (Lebensspuren, Nr. 347)

Theodor Fontane äußert sich verhaltener:

> „Diese bekannteste seiner Erzählungen ist nicht seine
> beste; sie nimmt nur den Anfang dazu. Bis zur Mitte
> ist sie vollendet und durch eine gewisse *historische* Be-
> deutendheit des Inhalts, speziell des M. Kohlhaasschen
> Charakterbildes, seinen beiden andern glänzenden
> Erzählungen, der ‚Verlobung in St. Domingo' und der
> ‚Marquise von O …' vielleicht noch überlegen, in ihrer
> zweiten Hälfte aber sinkt die Kohlhaas-Erzählung zu
> etwas relativ Unbedeutendem herab."
>
> (Nachruhm, Nr. 678)

Für Franz Kafka (1883–1924) war das Werk und auch
das Leben Heinrich von Kleists von besonderer Bedeutung, und zahlreiche Forschungsarbeiten untersuchen
die vielfältigen Bezüge zwischen den Texten Kafkas und
denjenigen Kleists, der in der ersten Hälfte des 20. Jahrhunderts fast als Zeitgenosse rezipiert wurde. „Michael
Kohlhaas" gehörte zu Kafkas Lieblingswerken und war
der Kleist'sche Text, mit dem er sich am intensivsten aus-
einandersetzte. An Felice Bauer schreibt er am 10. Feb-
ruar 1913:

> „Gestern abend habe ich Dir nicht geschrieben, weil es
> über Michael Kohlhaas zu spät geworden ist (kennst Du
> ihn? Wenn nicht, dann lies ihn nicht! *Ich* werde Dir ihn
> vorlesen!), den ich bis auf einen kleinen Teil, den ich
> schon vorgestern gelesen hatte, in einem Zug gelesen
> habe. Wohl schon zum zehnten Male. Das ist eine Ge-
> schichte, die ich mit wirklicher Gottesfurcht lese, ein
> Staunen faßt mich über das andere, wäre nicht der
> schwächere, teilweise grob hinuntergeschriebene Schluß,
> es wäre etwas Vollkommenes, jenes Vollkommene, von

dem ich gern behaupte, daß es nicht existiert. (Ich meine nämlich, selbst jedes höchste Literaturwerk hat ein Schwänzchen der Menschlichkeit, welches, wenn man will und ein Auge dafür hat, leicht zu zappeln anfängt und die Erhabenheit und Gottähnlichkeit des Ganzen stört.)" (Zit. nach: EuD II, S. 101 f.)

Bernhard Greiner deutet in seiner Arbeit über „Michael Kohlhaas" auf eine Parallele zwischen Kleists Erzählung und Franz Kafkas Roman „Der Proceß" hin:

> „Viel Schaden wird angerichtet werden, und viele Menschen werden ihr Leben lassen müssen, nicht weil Kohlhaas von einem Gericht ein Unrechtsspruch zuteil geworden wäre, sondern weil ihm der Zugang zum Recht, das doch universal sein muß, versperrt worden ist. Kohlhaas ist ein Mann vom Lande, der zum Gesetz will und auf Türhüter trifft, die ihm den Weg versperren. Wie die Figur Kafkas geht auch er nicht durch die Türen hindurch, aber er verharrt auch nicht auf der Schwelle. Er verfolgt eine Strategie der Verschiebung. Kohlhaas ist mit seinen Rechtseingaben zuerst beim sächsischen, dann beim brandenburgischen Gericht auf eine undurchdringliche Wirklichkeit gestoßen (die miteinander verschwägerten Familien der Tronkas und Kallheims, die in beiden Ländern Schlüsselpositionen besetzen und ihre Familienangehörigen decken). So ist er mit seinem Versuch gescheitert, eine verworrene Wirklichkeit unter den Begriff des Rechts zu bringen. Er antwortet auf einer anderen Ebene." (Greiner, 2000, S. 336)

„Michael Kohlhaas" eignet sich vorzüglich für die Inanspruchnahme im Rahmen einer Propagierung kulturpolitischer und gesellschaftlicher Interessen. Oft sagen die Interpretationen mehr über die Interpreten und ihre Weltanschauung aus als über Kleist und seinen Text. So wurde Kleist vom Nationalismus zum „Deutsch-patriotischen Sänger" ernannt, ihm gar Blut- und Bodenideologie unterstellt. Eher marxistisch orientierte Interpreten sehen in Kohlhaas einen proletarischen Revolutionär. Ein Franzose erklärt ihn 1937 zum Vorfahren Hitlers. 1972 sucht Günter Bartsch in Kohlhaas das Bild vom Prototypen des deutschen Anarchisten.

Doch wie Fontane haben viele Interpreten ihre Probleme mit dem zweiten Teil des Textes. Das Auftreten von scheinbar übersinnlichen Elementen, Zigeunerin und

Amulett, scheint zur Gestalt des Textes im ersten Teil nicht zu passen. Manche Interpreten diagnostizieren einen Stilbruch, und auch die inhaltliche Deutung dieser Elemente bereitet ihnen Probleme.

Benno von Wiese stellt 1964 seinen Deutungsversuch vor:

„Einbruch des Wunderbaren"

„Während bisher die Novelle streng an die realistischen Voraussetzungen einer geschichtlichen Welt gebunden blieb, läßt sie Kleist gegen den Ausgang hin ins Übersinnliche hinüberspielen. Man hat das oft als einen Stilbruch getadelt. Wozu bedarf es noch jener kleinen bleiernen Kapsel, die Kohlhaas einst von einer Zigeunerin erhalten hat und die ihm an einem seidenen Faden vom Halse herabhängt? Jetzt verleiht sie ihm eine geheimnisvolle Macht über den Kurfürsten von Sachsen. Kohlhaas könnte noch einmal gerettet werden, weil der Kurfürst an dieser Kapsel, von der er eine entscheidende Prophezeiung über sein Haus erwartet, auf höchste interessiert ist; aber Kohlhaas will es nicht. Durch das Eingreifen magischer Mächte (Zigeunerin, Wahrsagung und Kapsel) gibt Kleist seinem Kohlhaas, der inzwischen ja längst der Erleidende des Geschickes geworden ist, gegen Ende der Erzählung noch einmal die Möglichkeit zur Aktivität. Wiederum ist es ihm jetzt um Rache zu tun, aber nicht um Rache an dem Junker, sondern um Rache an dem Kurfürsten, der ihm die Amnestie gebrochen hat. […]

Die Sache des Kohlhaas gewinnt hier geradezu einen magischen Charakter; und wenn Kleist jetzt Mächte in die Erzählung hineinspielen läßt, die sich kausal nicht mehr erklären lassen, so will er damit auf jene höhere Verknüpfung der Dinge hindeuten, um die es ihm gerade im Abschluß seiner Erzählung zu tun ist. […]

Dennoch reicht seine Sache sogar noch über das Leben und die Erde hinaus. Die Symbolik des Totenreiches, die bedeutungsschweren Prophezeiungen, der gesamte Einbruch des Wunderbaren, das alles ist für Kleist notwendig." (Von Wiese, 1964, S. 59 f.)

In Nachfolge diese Deutung bemühen sich einige Interpreten, den Text aus dem „Übersinnlichen" wieder ins Irdische zurückzuholen. Otto F. Best widmet dem Problem Amulett/Zigeunerin 1970 einen eigenen Aufsatz, in welchem er von seiner berechtigten Unzufriedenheit mit von Wieses Lösung ausgeht. Er stellt seine Untersuchung unter den Leitgedanken „Schuld und Vergebung"

Symbolischer Bezug: Schuld und Vergebung

und bezieht sich vorwiegend auf die symbolische Bedeutung von Zigeunerin und Kapsel:

> „Als Kohlhaas demjenigen, dessen ‚Schicksalsspruch‘ er am Halse bewahrt, auf dem Transport nach Berlin gegenübersteht […], sind beide, Herr wie Knecht, im Zustand der Schuld. Der eine trägt Schuld, weil er die Welt auf eigene Faust in Ordnung bringen wollte, weil er den Kurfürsten, den Vertreter der Ordnung, ‚übersprang‘; der andere; weil er die Welt nicht in Ordnung brachte, das ‚Völkerrecht‘ […] verletzte und Kohlhaas ‚übersprang‘. […] Kohlhaas erkannte seine Schuld; die des Kurfürsten wird durch die Unerreichbarkeit der Kapsel bewußtgemacht. Gerechtigkeit und Versöhnung findet Kohlhaas: er versöhnt die Welt und wird selber mit ihr versöhnt, gerichtet von der (im Irdischen) absoluten Gewalt des Kaisers. Die Versöhnung des Kurfürsten von Sachsen würde in der Rettung des Pferdehändlers bestanden haben. […]
> Es kann kein Zweifel daran bestehen, daß man bislang dazu neigte, Kleists ‚Michael Kohlhaas‘ zu einseitig zu sehen. Das Werk verfügt über zwei Handlungsebenen: eine äußere, allgemein sichtbare und eine innere, weniger sichtbar sich darbietende. Die eine, sachbezogene, durch das Dingsymbol der Rappen verdeutlicht, wurde erkannt und sattsam gewürdigt; die andere, personenbezogene, gibt sich nur schwer zu erkennen. Es entspricht Kleists Kunstverstand und dramatischem Zugriff, wenn das Amulett, das bereits zu Beginn des zweiten Viertels der Novelle auftaucht, erst gegen Schluß erwähnt und in seiner Bedeutung für das Geschehen sparsam beleuchtet wird. Sobald die Fäden, die sich zwischen den beiden Hauptpersonen gesponnen haben, aktiv-existenzbestimmendes Gewicht erhalten, verknüpft sich mit dem Besitz des Zettels die Frage nach der Totalität der Existenz, nach Verzeihung und Ausgleich als einem Konstituens menschlicher Würde.“ (Best, 1970, S. 185, 187)

Im gleichen Jahr prüft Richard Matthias Müller die Novelle auf ihr revolutionäres Potential hin:

> „Kohlhaas selbst ist zwar von Natur aus das Gegenteil eines Rebellen, nämlich zufrieden, erfolgreich, bescheiden-selbstbewußt, durchaus eher geneigt, seine Obrigkeit für gerecht und die vorfallenden Ungerechtigkeiten für den Lauf der Welt zu halten. Aber dies verschärft nur den Sinn seines Aufstands. Es ist die Position Wilhelm Tells, und Kohlhaas gleicht Tell in so vielen Zügen, daß

er bei nur wenig veränderten Umständen in derselben Weise wie Tell zum Helden einer Volkserhebung geworden wäre.

Da die Kapsel mit ihrem geheimnisvollen Kern die Funktion des Volksaufstandes übernimmt, nämlich das Urteil über den wertlosen (und daher unheilbringenden) Kurfürsten zu vollstrecken, ist es möglich, daß Kleist auch eine symbolische Verbindung zwischen Volk und Kapsel andeuten wollte. […] Die Zigeunerin ist gleichsam das Zentrum der Volksmenge. […]

Die Zigeunerin selbst gehört einerseits in besonders ausdrücklicher Weise zum Volk als den Unteren, Armen und Schlichten. Während die Landesherren und ihr Gefolge in dieser Szene mit Silber und Gold umgehen, siegelt sie mit einem ‚bleiernen' Siegelring. Das erinnert an den ‚bleiernen Kamm', mit dem der Schinder auf dem Dresdner Marktplatz seine Haare zurückkämmt, sowie an die ‚bleierne' Kapsel, in der Kohlhaas dann den wertvollen Zettel aufbewahrt. Andererseits hat der Dichter alles getan, um diese Gestalt aus der Volksmenge als Botin aus dem Jenseits zu chiffrieren, die aus geheimnisvolle Weise identisch ist mit Kohlhaasens am Vortag begrabener Frau Elisabeth. […]

Wenn diese Botin des Jenseits den Zettel, der das Schicksal des Staates enthält, statt in die Hände des Herrschers, in die Hände des Rebellen ‚hinter allem Volk' legt, so mag damit angedeutet sein, daß auch die vom unfähigen Herrscher verspielte Souveränität in die Hände des Volkes zurückgeht." (Müller, 1970, S. 118 f.)

Paul Michael Lützeler geht 1981 ebenfalls von der Feststellung aus, dass dem Rebellen Kohlhaas die durchgreifende Unterstützung des Volkes fehlt:

„Im Volke also findet Kohlhaas keine wirkliche Unterstützung. Er ist weder ein Robin Hood noch ein Wilhelm Tell. So ungeschichtlich und gegen alle historische Wahrheit gerichtet die Darstellung einer vom Volk getragenen Revolution mit Kohlhaas an der Spitze gewesen wäre, so realistisch – mag das zunächst auch paradox klingen – war es jedoch, eine Helferfigur zu erfinden, die der Sphäre des Irrealen zuzuordnen ist. Die einzige Figur nämlich, die Kohlhaas konkret Hilfe leistet, ist die Zigeunerin." (Lützeler, 1981, S. 221)

Danach weist er auf die realistische Bedeutung der Zigeunerin hin:

„Mit ihrer Gestaltung fängt Kleist einen wichtigen
Aspekt des Zeitkolorits und der Atmosphäre der Reformationszeit ein. Wunderglaube und das Vertrauen in
Wahrsagerei, Astrologie und in die Macht der Magie
waren bei allen Ständen des 16. Jahrhunderts – ein-
schließlich der Kirche – verbreitet." (Ebd.)

Realistisches
Element

So kann er Müller klar widersprechen:

„Aufgrund der von ihnen ausgeübten Tätigkeiten und
ihres Bekenntnisses wegen – an ein Fortleben nach dem
Tode glaubten sie nicht – standen die Zigeuner außer-
halb der bürgerlichen Gesellschaft. So ist denn auch
unwahrscheinlich, daß ausgerechnet die Zigeunerin in
Kleists Erzählung das Volk vertreten und verkörpern
soll. […] An sich ist das Mittel zur Gegenwehr wertlos,
das die Zigeunerin Kohlhaas mit dem Zettel in die Hand
spielt. Er demonstriert nur, wie sehr der Aberglaube
über den Kurfürsten von Sachsen Macht gewonnen hat,
und es ist dieser Irrationalismus, der ihn von Kohlhaas
abhängig macht." (Ebd., S. 222)

Resümierend stellt er die Bedeutung der Kapsel fest:

„Nicht, was der Zettel mit der Prophezeiung enthielt,
ist wichtig, sondern seine Funktion als Katalysator für
das weitere Geschehen. Mit ihm ist dem scheinbar
völlig abhängigen und machtlosen Bürger Kohlhaas das
Schicksal eines absolutistischen Herrschers in die
Hand gegeben. Sein ‚größter Wunsch' ist es, mit Hilfe
des Zettels dem Landesherrn ‚weh zu tun', ihn zu
‚vernichten'." (Ebd., S. 223)

Katalysator
des Geschehens

Dirk Grathoff stellt die Frage der Identität in den Mittelpunkt seiner Analyse. (Textzitate mit Seiten- und Zeilen-
angaben beziehen sich hier auf die Ausgabe: Heinrich
von Kleist, „Michael Kohlhaas", Stuttgart: Reclam, 1993.
Die Seitenzahlen der dieser Lektürehilfe zugrunde ge-
legten Ausgabe sind in eckigen Klammern hinzugefügt.)
Dabei versucht auch er eine schlüssige Antwort auf das
Problem von Zigeunerin und Amulett zu finden:

„Die Identitätsproblematik, die nicht nur in psycho-
analytischer, sondern ebenso in historischer Hinsicht
für die Erzählung zentral ist, findet ihren Ausdruck also
in der Aufspaltung von Subjekt und Objekt, in der Dialektik von Herrschaft und Knechtschaft. Kohlhaas muß
schmerzlich erfahren, daß ein Mensch nicht nur das ist,

was er aus sich macht, sondern auch das, was aus ihm gemacht wird. Er definiert sich nicht nur selbst, sondern er wird ebenso definiert. Die Herrschenden, hier also zunächst die Tronkas, später die beiden Kurfürsten, scheinen von solcher Dialektik zunächst ausgenommen, sie sind bloß Täter, denen als Opfer die Pferde, der Knecht und die Ehefrau gegenüber stehen. Es steht zu vermuten, daß Kohlhaas an diesen Verhältnissen etwas ändern möchte. [...]

Eröffnet wird der Zweikampf mit der persönlichen Begegnung zwischen dem sächsischen Kurfürsten und Kohlhaas auf dem erwähnten ‚großen Hirschjagen‘ (88,29 [74]). Um seine Identität vor Kohlhaas zu verbergen, wird die Amtskette des Kurfürsten, ‚die ihm vom Halse herabhing, [...] in seinen seidenen Brustlatz‘ versteckt (90,27 f. [75]). Kurz darauf bemerkt der Kurfürst bei Kohlhaas ‚eine kleine bleierne Kapsel, die ihm an einem seidenen Faden vom Hals herabhing‘ (91,18 – 20 [76]), und befragt ihn nach der Bedeutung und Bewandtnis der Kapsel, um dann die Geschichte von der Zigeunerin zu hören, die Kohlhaas den Zettel in der Kapsel übergeben hatte. Damit war bereits das Ende des Kurfürsten eingeleitet, der auch gleich ‚ohnmächtig auf den Boden‘ niederfiel (93,7 f. [77]). Die Amtskette des Kurfürsten, das Zeichen seiner Macht und Herrschaft, wird in der Begegnungsszene also motivisch parallelisiert mit der Kapsel, die Kohlhaas vom Hals herabhing, und offensichtlich ebenfalls so viel Macht repräsentierte, daß der Kurfürst ohnmächtig niedersank.

Die kurfürstliche Amtskette repräsentiert ihrerseits in der Tat eine Kette, nämlich die genealogische Kette des Herrschergeschlechts, der sich die jeweilige Macht und Herrschaft verdankt. Die gesellschaftliche Identität des Kurfürsten wird also durch seine Zugehörigkeit zur herrschenden Familie, durch seinen Anschluß an deren genealogische Kette hergestellt. Kohlhaas ist mit dem Zettel im Besitz des Wissens um das Ende dieser genealogischen Kette: ‚dreierlei schreib ich dir auf‘, hatte die Zigeunerin dem sächsischen Kurfürsten gesagt, ‚den Namen des letzten Regenten deines Hauses, die Jahreszahl, da er sein Reich verlieren, und den Namen dessen, der es, durch die Gewalt der Waffen, an sich reißen wird‘ (104,4 – 7 [87]). [...]

Warum kann das Wissen um das Ende der genealogischer Kette des Kurfürsten von Sachsen Kohlhaas eine derartige Macht verleihen? Die beiden Schlußsätze der Novelle spielen offensichtlich den Untergang der

Familie des Kurfürsten gegen den Fortbestand und die Dauer der Familie des Kohlhaas aus: ;Der Kurfürst von Sachsen kam bald darauf, zerrissen an Leib und Seele, nach Dresden zurück, wo man das Weitere in der Geschichte nachlesen muß. Vom Kohlhaas aber haben noch im ver-gangenen Jahrhundert, im Mecklenburgischen, einige frohe und rüstige Nachkommen gelebt.' (117,17–22 [98]). [...] Wenn im letzten Satz auf die längere Dauer der Familie des Kohlhaas hingewiesen wird, dann mag die Vermutung gerechtfertigt sein, daß sie für die Person des Michael Kohlhaas eine ähnliche identitätsstiftende Funktion gehabt haben könnte, wie das Herrschergeschlecht für den sächsischen Kurfürsten. Zumindest läßt Kleist Parallelen zwischen der bürgerlichen Familie und dem Adelsgeschlecht erkennen, wenn Kohlhaas seine verstorbene Frau wie eine ‚Fürstin' beerdigt, und wenn die beiden Söhne des Kohlhaas nach dessen Hinrichtung ‚zu Rittern' geschlagen werden (117,17 [97]). [...]

Die solchermaßen vom Autor nobilitierte Familie Kohlhaas entwickelt im Text, ausgestattet mit der Macht um das Wissen auf dem Zettel und mit dem Beistand der als Zigeunerin wiedergeborenen Lisbeth, die Kraft einer Gegenspielerin zur Familie des Kurfürsten von Sachsen. Kohlhaas betont ausdrücklich, daß er das ihm übermittelte Wissen auf dem Zettel um seiner Nachkommen willen nicht preisgeben wolle, ‚daß die Kinder selbst, wenn sie groß wären, ihn, um seines Verfahrens loben würden, und daß er, für sie und ihre Enkel nichts Heilsameres tun könne, als den Zettel behalten.' (110,31–34 [92]). Die wiedergeborene Elisabeth scheint dem wortlos mit einem Kuß beizupflichten: ‚lebt wohl, Kinderchen, lebt wohl!', rief sie abschiednehmend, ‚küßte das kleine Geschlecht nach der Reihe, und ging ab' (111,30 f. [93]). Das ‚kleine Geschlecht nach der Reihe' stellt also die genealogische Kette des Kohlhaas dar, und von ihm sollen mit dem Schlußsatz noch ‚rüstige Nachkommen gelebt' haben, während der sächsische Kurfürst nicht in den Besitz des Zettels gelangt, der ‚dem ganzen Geschlecht seiner Nachkommen' so wichtig war (111,36–112,1 [93]). Das ‚kleine Geschlecht' des Kohlhaas steht so dem ‚ganzen Geschlecht' des Kurfürsten gegenüber. Subjektiv gesehen ist Kohlhaas seine kleine bürgerliche Familie ebenso wichtig wie anderen das ganze Geschlecht, dem sie ihre Herrschaftsmacht und Identität verdanken. Durch das Fürstenbegräbnis seiner Frau bringt er diese subjektive Wertschätzung ja zum

Ausdruck. Objektiv geht es in der Erzählung aber nicht darum, daß bürgerliche Familien nun an die Stelle von Adelssippschaften oder Herrscherdynastien treten. [...] Kleist hat sich nicht gescheut, mit der als Zigeunerin wiedergeborenen Frau des Michael Kohlhaas ein märchenhaft-mythisches Element in den Text zu bringen, so wie er die Kohlhaas-Figur selbst durch den Namenswechsel von Hans zu Michael mit dem biblischen Mythos in Verbindung brachte. [...]

Luther[s] gesamte Argumentation läuft auf die Rechtfertigung der installierten Machtverhältnisse als ‚von Gott gegeben' hinaus, denen sich die Bürger als Untertanen zu fügen hätten. [...] Die wichtigste mythische Legitimierung erhält Kohlhaas jedoch erst im letzten Viertel der Erzählung durch den Autor Kleist, der seinem Kampf gegen den sächsischen Kurfürsten die Zigeunerin mit dem Amulett zur Seite stellt.

Die Zigeunerin ist in Kleists Erzählung also nichts weniger als die Gegenspielerin zu Martin Luther. Mit der Wiedergeburt der verstorbenen Ehefrau in der volksmythologischen Variante einer weissagenden Zigeunerin hat Kleist der Familie des Kohlhaas das mythische Attribut beigegeben, das erforderlich ist, um einer Herrscherfamilie Paroli bieten zu können, deren gottgegebene Macht einen Martin Luther zum Schirmherren hat. [...]

Zu beantworten bleibt die Frage, worauf der Zweikampf zwischen Kohlhaas und dem sächsischen Kurfürsten, der in dem Antagonismus beider Familien fundiert ist, hinauslaufen soll. Die Familien prägen die Identität der Subjekte mit, durch sie wird zumindest die soziale Identität wesentlich bestimmt, die, wie sich im Verlauf der Untersuchung mehrfach zeigte, den Vorrang vor der leiblichen Identität hat. Werden die Familien verletzt, ist die soziale Identität einer Person zumindest gefährdet, was Kohlhaas dazu antreibt, das, was ihm widerfahren ist, auch denen anzutun, die direkt oder indirekt für die Verletzung seiner Familie und seiner Person verantwortlich sind." (Grathoff, 1998, S. 45–64)

Anmerkungen
zur literarischen Gattung
der Novelle

Begriffsbestimmung

„Novelle" lässt sich definieren als erzählender Text mittleren Umfangs, dessen Strenge, Konzentration und Geschlossenheit ihn in die Nähe des Dramas setzt. Die Handlung ist auf eine ausschnitthafte Krisensituation konzentriert. Zwischen den Charakteren der Hauptfiguren und ihrem Schicksal bestehen enge Verknüpfungen und Wechselbeziehungen. Novellen sind meist in Form eines Erzählstranges mit knapper Exposition, einem Spannungsbogen mit Höhepunkt und womöglich Wendepunkten komponiert. Zur Konzentration und Vergegenständlichung abstrakter Bezüge dienen Symbole und Leitmotive. Viele Novellen verfügen über einen mehr oder weniger deutlich ausgeprägten Rahmen.

Definition „Novelle"

Die Grenzen zwischen Novelle, Erzählung und kurzem Roman sind fließend. Während der Roman zu epischer Breite und sorgfältiger Ausmalung von Charakteren, Milieu u. Ä. neigt, unterscheidet sich die Erzählung durch einen weniger strengen Aufbau von der Novelle. Die vorgenannte Definition von „Novelle" trifft vor allem auf Texte des 19. Jahrhunderts zu. Sie benennt einige formale Merkmale, die sich an vielen bedeutenden Werken aus diesem Zeitraum feststellen lassen.

Abgrenzung zu Erzählung und Roman

Exkurs:
Probleme der Gattungsbestimmung

Definitionen im geisteswissenschaftlichen Bereich sind stets mit Vorsicht zu behandeln. Denn Gattungsdefinitionen kommen dadurch zustande, dass zunächst einmal einzelne literarische Texte entstehen, deren gemeinsame Merkmale in Gattungsdefinitionen beschrieben werden. Dabei macht es gerade das Wesen künstlerischen Ausdrucks aus, jeweils eine der inhaltlichen Aussage vollkommen angemessene individuelle formale Gestaltung

Individualität des Kunstwerks	zu finden, aus welcher Intention heraus vollkommen einmalige Kunstwerke entstehen.
	Definitionen können normativen oder deskriptiven Charakter
Normative Definitionen	haben. Normative Definitionen setzen Elemente und Eigenarten, über die der definierte Gegenstand zu verfügen hat, verbindlich fest. In früheren Zeiten (z.B. Barock) wurde auch Literatur durch sogenannte Normenpoetiken bestimmt, heute haben normative Ansätze keinen Platz mehr in der Literatur.
Deskriptive Definitionen	Deskriptive Definitionen bemühen sich, aus bestehenden Werken verbindende Gemeinsamkeiten herauszulesen. Auch sie unterliegen der Gefahr, normativ verwendet zu werden.
	Definitionen lassen sich auch nach ihren Bestimmungskriterien unterscheiden. Formale Definitionen untersuchen vorwiegend Elemente des formalen Aufbaus, inhaltliche Definitionen versuchen, bevorzugte Themen- und Motivkreise einer Gattung zu benennen.
Sinn von Definitionen	Der Sinn von Definitionen liegt in einer umfassenden Verständigung über Texte. Sie können nützliche Handhaben bei der Analyse und Interpretation des einzelnen Textes darstellen, indem sie die Aufmerksamkeit des Interpreten auf bestimmte Belange richten. Auch können sie eine Hilfe sein, das Werk und den Autor in ihrem literarhistorischen, allgemeinhistorischen und individuellen Horizont klarer zu sehen und besser zu verstehen. So nimmt ein Autor etwa zu einer bestimmten literarischen Tradition Stellung, wenn er einem Werk das Prädikat einer bestimmten Gattung, wie etwa „Novelle", verleiht.
Historischer Kontext von Definitionen	Damit eine Definition jedoch eine solch hilfreiche Handreichung sein kann, ist es erforderlich, den Gattungsbegriff dynamisch zu sehen, d.h. es muss stets berücksichtigt werden, dass Gattungen einer geschichtlichen Entwicklung unterworfen sind. Novellen des italienischen Dichters Giovanni Boccaccio (1313–1375) antworten auf andere Zeitfragen als solche von Thomas Mann und haben folglich einen anderen Charakter. Die in Definitionen erwähnten Merkmale dürfen keinesfalls zu eng gesehen werden, etwa mit der Verbindlichkeit und Ausschließlichkeit von Gesetzen.
Gefahren von Definitionen	Die Formulierung und Handhabung von Definitionen birgt nämlich die Gefahren der normativen Verengung oder der unverbindlichen Oberflächlichkeit. Begreift man Definitionen als verbindliche Normen, kann dies dazu führen, dass gerade hervorragende Werke aufgrund vermeintlicher formaler Mängel ablehnend beurteilt werden. Sieht man die Problematik der Gattungsdefinition genau und versucht daher die Definition weit und offen zu fassen, läuft man Gefahr, dass die Definition gerade wegen ihrer Weite nichtssagend und damit überflüssig gerät.

„Michael Kohlhaas" als Novelle

Kleist veröffentlichte seinen Text in dem Band „Erzählungen", bezeichnete ihn also selber nicht als Novelle. Dafür mögen historische Gründe ausschlaggebend sein, die später noch genannt werden. Trotzdem lassen sich an „Michael Kohlhaas" die Eigenheiten der Novelle erkennen, und die Zuordnung zu dieser literarischen Gattung rückt die individuelle Beschaffenheit des Textes klarer ins Bewusstsein.

Der Leser lernt einen entscheidenden Ausschnitt aus dem Leben des Rosshändlers Michael Kohlhaas kennen. Der Text vermittelt nur Informationen über sein Leben, die in direktem Zusammenhang mit der Auseinandersetzung mit Junker und Hof stehen. Dass Kohlhaasens Charakter derart beschaffen ist wie zu Beginn geschildert, wird als Tatsache erwähnt; nicht erwähnt wird hingegen, wie Kohlhaas denn so geworden ist, ein Thema, das einen Roman viel stärker interessieren würde.

Ausschnitthaftigkeit der Darstellung

Kohlhaas' Charakter steht in enger Wechselbeziehung zu seinem Schicksal; die Handlung kommt durch das Wesen von Kohlhaasens Persönlichkeit in Gang, andererseits macht Kohlhaas durch seine Erfahrungen im Verlauf der Handlung innere Wandlungen durch.

Wechselbeziehung Schicksal – Charakter

Die Handlung ist einsträngig angelegt. Kein Handlungselement weicht von diesem Handlungsstrang ab, alles ist funktional auf die Geschichte von Kohlhaas bezogen. Spannungsbögen verbinden Höhe- und Wendepunkte. Als solche Wendepunkte fungieren der Tod Lisbeths, das Gespräch mit Luther, die Abdeckerszene und das Eingreifen des Kurfürsten von Brandenburg. Einen dramatischen Höhepunkt bildet das Todesurteil in Dresden.

Einsträngige Handlung

Die Komposition der Handlung ist mit äußerst konzentrierten Mitteln durchgeführt. Verknüpfungen lassen in der straff geführten und dicht gefügten Handlung keine unmotivierten Momente entstehen. Die Rappen und das Amulett dienen als Leitmotive, die auf einer Symbolebene das Geschehen verdichten.

Konzentration und Straffheit

Leitmotive

Die literarhistorische Stellung von „Michael Kohlhaas"

Deutsche Novellentradition

Den Novellen Kleists („Michael Kohlhaas", „Das Erdbeben in Chili", „Die Marquise von O…", „Die Verlobung in St. Domingo") war in der deutschen Literatur nur ein Novellenzyklus von Rang vorausgegangen, Goethes „Unterhaltungen deutscher Ausgewanderten" von 1795. In diesen Novellen orientiert Goethe sich an Boccaccios Hauptwerk „Il Decamerone" (entstanden zwischen 1348 und 1353, gedruckt 1470), das die italienische Novelle als Kunstform auf Jahrhunderte festlegte, und fügt kürzere Texte mit einem verbindenden Rahmen zusammen.

Goethes Novellen sind vom Charakter und Umfang her nicht mit Kleists Texten zu vergleichen. Wenn auch Goethe 1828 einen weiteren Text dieser Gattung vorlegt und mit dessen Betitelung „Novelle" den Anspruch erhebt, etwas Musterhaftes geschaffen zu haben, den er mit einer in einem Gespräch mit seinem Sekretär Eckermann geäußerten Definition der Novelle unterstreicht, so bilden

Kleist als Muster

doch Kleists Novellen die fast unübertroffenen Muster dieser Gattung, an denen sich die meisten Novellen im 19. Jahrhundert orientieren und messen. Goethes Texte sind zu sehr an klassischen Idealen orientiert, als dass sie den veränderten Interessen im 19. Jahrhundert entgegenkommen könnten. Den zunehmenden Individualisierungstendenzen dieses Jahrhunderts entsprechen

Individuelle Eigenart

Kleists Texte mit ihrer Strenge und jeweils individuellen thematischen und formalen Eigenart, die die Erfahrung einer rätselvollen Welt und eines unbegreiflichen Schicksals, die weniger durch Verstand als durch Gefühl begreifbar sind, thematisieren.

Vor Kleist besteht im deutschsprachigen Literaturraum also keine Novellentradition, was wohl dafür verantwortlich zu sehen ist, dass Kleist seine Texte als „Erzählungen" und nicht als „Novellen" bezeichnet. Kleist

Kleist Novellen als Anfang

steht somit am Anfang der im 19. Jahrhundert reichen deutschen Novellentradition.

Literaturhinweise

Texte von Kleist

Kleist, Heinrich von: Michael Kohlhaas. Aus einer alten Chronik. Mit Materialien, ausgewählt von Rainer Siegle, Stuttgart: Klett, 2006. [Zit. als: Materialien.]
– Über die allmähliche Verfertigung der Gedanken beim Reden. In: H. v. K.: Das Erdbeben in Chili und andere Prosastücke. Stuttgart: Reclam, 1973.

Über Kleist

Blöcker, Günter: Heinrich von Kleist oder das absolute Ich. Berlin: Argon Verlag, 1960. [Zu „Michael Kohlhaas" bes. S. 212–225.]
Hohoff, Curt: Kleist. Reinbek bei Hamburg: Rowohlt, 1958. (rowohlts monographien 1.)
Müller-Salget, Klaus: Heinrich von Kleist. Stuttgart: Reclam, 2002.
Müller-Seidel, Walter: Heinrich von Kleist. In: Neue Deutsche Biographie. Bd. 12. Berlin: Duncker & Humboldt, 1980. S. 13–27.
Sembdner, Helmut (Hrsg.): Heinrich von Kleists Lebensspuren. Dokumente und Berichte der Zeitgenossen. Frankfurt a. M.: Insel, 1984. (Dokumente zu Kleist Bd. 1.) [Zit. als: Lebensspuren.]
– Heinrich von Kleists Nachruhm. Eine Wirkungsgeschichte in Dokumenten. Frankfurt a. M.: Insel, 1984. (Dokumente zu Kleist Bd. 2.) [Zit. als: Nachruhm.]
Staengle, Peter: Heinrich von Kleist. München: Deutscher Taschenbuch Verlag, 1998.

Zu „Michael Kohlhaas" allgemein

Bogdal, Klaus-Michael: Heinrich von Kleist: Michael Kohlhaas. München [u. a.]: UTB, 1981.
– Geschichte in der Erzählung: Heinrich von Kleist, „Michael Kohlhaas". Friedrich Schiller, „Der Verbrecher aus verlorener Ehre". Stuttgart: Klett, 1986.
– Erinnerungen an einen Empörer. Heinrich von Kleist, *Michael Kohlhaas* (1810). In: Deutsche Novellen. Von der Klassik bis zur Gegenwart. Hrsg. von Winfried Freund. München [u. a.]: UTB, 1993. S. 27–36.
Fricke, Gerhard: Kleists „Michael Kohlhaas". In: Der Deutschunterricht 5 (1953) S. 17–39.
Grathoff, Dirk: *Michael Kohlhaas*. In: Kleists Erzählungen. Interpretationen. Hrsg. von Walter Hinderer. Stuttgart: Reclam, 1998. S. 43–66.
Greiner, Bernhard: *Michael Kohlhaas*. Rechtschaffenheit als Ausschweifung des Ideellen. In: B. G.: Kleists Dramen und Erzählungen. Experimente zum Fall der Kunst. Tübingen/Basel: Francke, 2000. S. 327–347.
Hagedorn, Günter: Erläuterungen und Dokumente: Heinrich von Kleist, „Michael Kohlhaas". Stuttgart: Reclam, 1983. [Zit. als: EuD I.]
Hamacher, Bernd: Erläuterungen und Dokumente: Heinrich von Kleist, „Michael Kohlhaas". Stuttgart: Reclam, 2003. [Zit. als: EuD II.]

Lützeler, Paul Michael: Heinrich von Kleist: „Michael Kohlhaas". In: Romane und Erzählungen der deutschen Romantik. Neue Interpretationen. Hrsg. von P. M. L. Stuttgart: Reclam, 1981. S. 211–239.

Müller, Richard Matthias: Kleists „Michael Kohlhaas". In: Deutsche Vierteljahresschrift für Literaturwissenschaft und Geistesgeschichte 44 (1970) S. 101–109.

Wiese, Benno von: Heinrich von Kleist – „Michael Kohlhaas". In: B. v. W.: Die deutsche Novelle von Goethe bis Kafka. Bd. 1. Düsseldorf: Bagel, 1964. S. 47–63.

Zu einzelnen Aspekten

Best, Otto F.: Schuld und Vergebung. Zur Rolle von Wahrsagerin und „Amulett" in Kleists „Michael Kohlhaas". In: Germanisch-Romanische Monatsschrift N. F. 20 (1970) S. 180–189.

Dechert, Hans-Wilhelm: Indem er ans Fenster trat ... Zur Funktion einer Gebärde in Kleists „Michael Kohlhaas". In: Euphorion 62 (1968) S. 77–84.

Rinsum, Annemarie und Wolfgang van: Interpretationen: Romane, Erzählungen. München: bsv-Verlag, 1979. S. 48–56.

Sammern-Frankenegg, Rüdiger: Dergestalt, dass – Beobachtungen zu einem Satzmodell in Kleists Erzählkunst. In: Sprachkunst 6 (1975) S. 37–52.

Allgemein ergänzende Literatur

Aust, Hugo: Novelle. 3., überarb. und aktualisierte Aufl. Stuttgart/Weimar: Metzler, 1999.

Benjamin, Walter: Zur Kritik der Gewalt. In: W. B.: Gesammelte Schriften II,1. Hrsg. von R. Tiedemann und H. Schweppenhäuser, Frankfurt a. M.: Suhrkamp, 1979.

Hermes, Eberhard: Abiturwissen Erzählende Prosa, Stuttgart: Klett, 1985.

Rath, Wolfgang: Die Novelle: Konzept und Geschichte. Göttingen: Vandenhoek und Ruprecht, 2000.

Schulz, Gerhard: Die deutsche Literatur zwischen Französischer Revolution und Restauration. Teil 1: Das Zeitalter der Französischen Revolution: 1789–1806. München: C. H. Beck, 1983. (Geschichte der deutschen Literatur von den Anfängen bis zur Gegenwart Bd. 7.)

Wiese, Benno von: Novelle. 8., durchges. Aufl. Stuttgart: Metzler, 1982.

Prüfungsaufgaben und Lösungen

I Die Abdeckerszene

Aufgabenstellung:

Analysieren Sie die Abdeckerszene in Kleists „Michael Kohlhaas" (52,10–57,38). Ordnen Sie die Szene in den Handlungszusammenhang ein und erläutern Sie ihre Bedeutung für den weiteren Verlauf der Handlung.

Lösung:

1. Einordnung in den Handlungszusammenhang

- Kohlhaas hat seine Fehde gegen den Junker zu einem regelrechten Bürgerkrieg ausgeweitet.
- Luther greift durch sein Plakat ein und ruft Kohlhaas zur Vernunft.
- Nach dem Gespräch zwischen Luther und Kohlhaas löst Luther seine Zusagen ein und erreicht für Kohlhaas beim sächsischen Kurfürsten die Garantie des freien Geleits und die Zusage der Amnestie.
- Kohlhaas löst seine Schar auf, hinterlegt das Erbeutete bei den Gerichten als kurfürstliches Eigentum und begibt sich nach Dresden.
- In Dresden wird er vom Volk mit aller Sympathie aufgenommen.
- Der Prozess wegen der beiden Rappen wird wieder aufgenommen und die Aussichten für Kohlhaas scheinen gut zu sein. Die Tronkas lassen nach den besagten Rappen suchen und die Tiere, die es sein könnten, nach Dresden bringen.

2. Analyse der Szene

- Als aktueller Besitzer der Pferde ist ein Abdecker ermittelt worden, der mit den Tieren auf dem Dresdner Marktplatz angekommen ist. Abdecker gilt als ein äußerst unehrenhafter Beruf am unteren Ende der sozialen Skala.
- Dass die Tiere, die der Anlass zu den bürgerkriegsähnlichen Zuständen in Sachsen sind, nun im Besitz eines Abdeckers sind, erregt den Spott der Bevölkerung.
- Kunz und Wenzel von Tronka kostet es in ihrem aristokratischen Stolz enorme Überwindung, wegen der strittigen Tiere den Marktplatz und damit den Abdecker aufzusuchen. Als die Identifizierung der Tiere wegen ihres schlechten Zustandes durch bloße Inspektion nicht möglich ist, sehen sie sich gezwungen, mit dem Abdecker zu sprechen.
- Hier entsteht nun ein Kontrast: Auf der einen Seite stehen die beiden Hofbeamten, die stolz ihre Amtsinsignien präsentieren, auf der anderen steht der Abdecker, der sich davon nicht beeindrucken lässt, sondern sich ungeniert und despektierlich verhält.
- Der Abdecker schenkt den beiden kaum Aufmerksamkeit und geht nicht nur ungestört seinen Verrichtungen nach, sondern lässt gar die Hose herunter und schlägt sein Wasser ab. Dies kränkt den Stolz und die Würde der beiden Vertreter des Hofes vor dem Publikum einer ohnehin spottenden Menschenmenge in einem kaum zu überbietenden Maße.

- Kohlhaas wird herbeigerufen, um die Tiere zu identifizieren.
- Er spürt die Gefahr der Situation und erkennt die Tiere nach nur flüchtiger Inspektion als die seinen an, da er eine weitere Eskalation vermeiden möchte. Die Tiere werden dem Abdecker abgekauft.
- Die folgenden Ereignisse bringen eine weitere Zuspitzung mit sich: Ein Knecht wird beauftragt, die Pferde wegzuführen. Da diese jedoch in seinen Augen als Pferde eines Abdeckers unehrlich sind, weigert er sich, dies zu tun, bevor nicht die Tiere durch einen abergläubischen Ritus ehrlich gemacht worden sind.
- Diese Insubordination lässt den Kämmerer endgültig die Fassung verlieren. Er entlädt seine Wut auf einen Unschuldigen und entlässt den Knecht aus seinen Diensten.
- Die Menge reagiert aufgebracht, und in dem Handgemenge werden Kunz seine Insignien der Macht entrissen und weggeschleudert. Dies stellt den Höhepunkt der Entwürdigung des Kämmerers dar. Nur mit Hilfe eines Trupps Soldaten kann er sich vor der Menge in Sicherheit bringen.

3. Die Konsequenzen aus der Szene

- Die Szene stellt einen Wendepunkt im Schicksal Kohlhaasens dar.
- Die Stimmung im Volk kippt um. Begegnete man vorher Kohlhaas mit Sympathie, wird nun sein Starrsinn öffentlich angegriffen.
- Die Tronkas wollen zur Vermeidung weiterer Schmach die Angelegenheit mit Geld regeln. Jedoch verweigert Graf Wrede die Vermittlung zu Kohlhaas. Und die Tronkas selbst sind zu stolz, um persönlich an diesen heranzutreten. Damit scheitert das Herbeiführen einer Einigung.
- Die Tronkas gehen zur Gegenoffensive über und stellen Kohlhaas die Falle mit dem Brief von Nagelschmidt.
- Damit wird Kohlhaas' Untergang besiegelt. Er wird zum Tod verurteilt und nur die Intervention des Kurfürsten von Brandenburg kann ihn vor der eiligen Hinrichtung retten.

II Kritik am Adel

Aufgabenstellung:

Erörtern Sie das Bild des Adels, das Kleist in „Michael Kohlhaas" skizziert. Zeigen Sie auf, inwiefern sich hierin Kritik an Staat und Gesellschaft artikuliert.

Lösung:

1. Der Landadel

- Der Junker und seine Gesellschaft werden als vergnügungssüchtig (Jagd, Gelage) dargestellt.
- Er lässt sich vom Vogt in seinem Verhalten bestimmen.
- Unter dem willkürlichen Verhalten leidet die gesamte Bevölkerung.
- Er zeigt insgesamt kein ritterliches Verhalten.
- Der verstorbene alte Herr fungiert als Gegenbeispiel zum eigennützigen Verhalten des jungen Junkers.

2. Die Dresdner Hofgesellschaft

- Die Vertreter des sächsischen Hofes sind alle durch enge Beziehungen miteinander verflochten.
- Ihr Verhalten ist von dieser Vetternwirtschaft bestimmt. Entscheidungen fallen in der Regel nach opportunistischen Gesichtspunkten statt nach rechtlichen.
- Die Entscheidungen des Gerichts basieren nicht auf korrekter Ermittlung, sondern auf herrscherlicher Willkür. Eigennutz und Stolz hindern die Ritter an vernünftigem Handeln.
- Der Leser gewinnt nie den Eindruck, dass der Hof Kohlhaas jemals wirklich sein Recht verschaffen will.
- Insgesamt wirkt der Hof als durchtrieben und intrigant. Loyalere Vertreter werden hintergangen oder entmachtet.
- Auch der Kurfürst macht bei dieser Kabale keine Ausnahme. Die einzige Legitimation seiner Macht ist für ihn die Erbfolge. Daher wird er durch das Amulett dermaßen schwach und besiegbar.

3. Der Kurfürst von Brandenburg

- Der Kurfürst von Brandenburg wirkt als Gegenpol.
- Unrecht von seinem Hof ahndet er unmittelbar.
- Er setzt sich für das Recht seiner Untertanen ein.
- Trotzdem kann er die Verurteilung von Kohlhaas durch das kaiserliche Gericht nicht verhindern und nimmt dessen Vollzug vor.

4. Der historische Kontext der Entstehungszeit

- Kontext: Französische Revolution, Napoleonische Kriege
- Im Zusammenhang mit diesen politischen Wirren stellt sich die Frage nach der Legitimation des politischen Handelns. Damit verbunden ist die Frage nach dem Verhältnis von Recht, Gewalt und Widerstand.
- In der Phase des Umbruchs von der feudalen zur bürgerlichen Gesellschaft wird die gesellschaftliche Ordnung und deren Funktion neu überdacht.
- In „Michael Kohlhaas" entwirft Kleist ein modernes Konzept vom Staat. Der Adel hat nur dann eine Daseinsberechtigung, wenn er sich um das Wohlergehen der Bürger verdient macht. Zwischen dem Individuum und dem Staat besteht ein gegenseitiger Vertrag. Der Adel, der seine Legitimation nicht aus seinen politischen Verdiensten bezieht, sondern nur noch aus seiner Abstammung, ist zum Untergang bestimmt.
- Da solche Gedanken zur Entstehungszeit sehr brisant waren, muss Kleist seine Einstellung im historischen Kostüm der Lutherzeit verbergen.

III Kohlhaas' Motive

Aufgabenstellung:

Robin Hood oder Terrorist? – Erörtern Sie Michael Kohlhaasens Motive für sein Handeln. Beurteilen Sie seinen Charakter.

Lösung:

1. Widersprüchlicher Charakter

- Der Erzähler charakterisiert Kohlhaas zu Beginn als rechtschaffen und zugleich entsetzlich.
- „Das Recht[s]gefühl aber macht ihn zum Räuber und Mörder" (3).
- Diese Gegensätze verursachen das Verhalten von Kohlhaas.

2. Das Rechtsgefühl

- Seine Charakterisierung als „Muster eines guten Staatsbürgers" (3) ist in erster Linie auf sein Recht[s]gefühl zurückzuführen.
- Das Rechtsgefühl lässt ihn das Unrecht durch die Junker erkennen und intensiv empfinden.
- Das Rechtsgefühl wird mit einer Goldwaage verglichen: Bevor Kohlhaas sein Urteil fällt, unternimmt er genaue Untersuchungen des Sachverhaltes und nimmt zunächst einmal sein eigenes Unrecht an.
  a) Er erkundigt sich in Dresden nach dem Passierschein, obwohl er sich schon im Recht glaubt.
  b) Bevor er in Dresden Klage erhebt, kehrt er um, um Herse zu vernehmen.
  c) Bei der Befragung Herses geht er von dessen möglichem Verschulden aus und befragt ihn in dieser Richtung sehr gewissenhaft.
- Dieses sensible Rechtsgefühl macht Kohlhaas so verletzbar.
  a) Er empfindet das Unrecht besonders intensiv.
  b) Er ist nicht bereit, klein beizugeben.
- Er missgönnt nach dem Bruch der Amnestie der Gegenseite das Ansehen der Rechtlichkeit.

3. Die Rechtschaffenheit

- Kohlhaas wird allseits als ein reeller Geschäftsmann geschätzt.
- Als idealer Vorgesetzter lässt Kohlhaas sich das Schicksal seines Knechtes angelegen sein.
- Er empfindet eine moralische Verpflichtung für die Gemeinschaft, gegen die erfahrenen Missstände vorzugehen.
- Am Ende ist er bereit, wegen der begangenen Untaten seinerseits Sühne zu leisten.

4. Der Stolz

- Kohlhaas tritt stets mit dem Stolz eines selbstbewussten Bürgers auf.
- Sein Verhalten ist nie von Unterwürfigkeit geprägt.
- Kohlhaas verkörpert die Würde eines emanzipierten Individuums.
- Daher empfindet er die Rechtsverletzungen gegen ihn als Entwürdigung.
- Der Stolz verleitet ihn aber auch zum Starrsinn.

5. Kohlhaasens Rache

- Weil er die Rechtsverletzung als persönliche Kränkung auffasst, möchte er dafür Rache nehmen.
- Zunächst ist der Junker das Objekt seiner Rache, später gehört der Kurfürst dazu.
- Den Junker verfolgt Kohlhaas mit allem Hass und aller Gewalt. Er vernichtet dessen Besitzungen.
- Er fordert, dass der Junker die Rappen persönlich wieder dickfüttern soll. Damit zielt er auf die persönliche Demütigung seines Kontrahenten.
- Er lehnt es ab, die Rappen nach der Zerstörung der Burg zu sich zu nehmen, und ihr Schicksal ist ihm im Grunde gleichgültig.
- Er kämpft ums Prinzip. In dieser Hinsicht treibt sein Stolz ihn bis zum Starrsinn.
- Trotz der Ermahnungen seiner Frau und Luthers ist er zur Vergebung nicht bereit.
- Das Amulett gibt ihm die Möglichkeit, dem Kurfürsten wehzutun. Obwohl es ihm in seiner Rechtssache keine Vorteile bringt, nutzt er dieses Machtmittel bis kurz vor seinem Tod aus.

6. Krankhafte Züge

- Kohlhaas kultiviert die genannten Charaktereigenschaften zum Teil in einem Übermaß.
- Obwohl er vordem seine Geschäfte in Ruhe betreiben konnte, ist er bereit, wegen der beiden Rappen einen Bürgerkrieg vom Zaun zu brechen und Unschuldige in Mitleidenschaft zu ziehen.
- Er maßt sich eine Stellung an, die ihm nicht zukommt.
  a) Seine Frau lässt er wie eine Fürstin begraben.
  b) Er verhält sich als Heerführer wie ein Fürst.
  c) Er nennt sich Statthalter des Erzengels Michael.
- Die Rechtsidee wird von ihm bis zu einer wahnhaften Dimension gesteigert.
- Die starrsinnige Rechthaberei weist auf eine narzisstische Störung seiner Persönlichkeit hin, da er auf eine Kränkung mit dermaßen übertriebener Wut reagiert.

7. Beurteilung

- Kohlhaas erweist sich als ambivalenter Charakter.
- Er ist von positiven Eigenschaften wie Rechtsgefühl und Selbstbewusstsein geprägt.
- Diese positiven Eigenschaften führen durch Übersteigerung zu extremen Reaktionen.

- Aus den wahnhaften Auswüchsen lässt er sich aber immer wieder auf den Boden der Tatsachen zurückholen.
- Schließlich ist er konsequent genug, seine eigenen Verfehlungen einzusehen und dafür zu büßen.

IV Recht – Gewalt – Widerstand

Aufgabenstellung:

Zeigen Sie, in welchem Verhältnis Recht, Gewalt und Widerstand in Kleists „Michael Kohlhaas" zueinander stehen.

Lösung:

1. Der Rechtsbruch an Michael Kohlhaas

- Betrug: Kohlhaas wird durch die List mit dem angeblich notwendigen Passierschein betrogen.
- Sachbeschädigung: Der Junker missbraucht willkürlich Kohlhaas' Besitz und richtet die Pferde zugrunde.
- Körperverletzung: Der Knecht Herse wird mit Gewalt vom Schloss vertrieben.
- Rechtsbeugung: Die Klagen von Kohlhaas werden nicht ordnungsgemäß untersucht und alle abgewiesen.
- Gescheiterte Revision: Alle Versuche, bei einer geeigneten Instanz Beschwerde einzureichen, scheitern.
- Kohlhaas scheitert auf dem legalen Weg, sich sein Recht zu verschaffen und sich gegen den Rechtsbruch des Junkers zur Wehr zu setzen.
- Kohlhaas leitet daraus das Recht auf gewaltsamen Widerstand ab.

2. Die Rechtsauffassung von Kohlhaas

- Das Rechtssystem einer Gemeinschaft dient zum Schutz des Individuums. Das Individuum wird Mitglied in der Gemeinschaft, um den Schutz der Rechte dieser Gemeinschaft zu genießen.
- Die staatliche Gesellschaft wird somit als ein Vertrag zwischen Individuum und Gemeinschaft interpretiert.
- Im Sinne dieser Vertragstheorie ist insbesondere das Staatsoberhaupt verpflichtet, für die Rechtsordnung zu sorgen.
- Diese Vertragstheorie entwirft damit ein Gegenkonzept zum Gottesgnadentum der Aufklärung.
- Als frühkapitalistischer Unternehmer benötigt Kohlhaas die Rechtssicherheit, da jede Form von Handel auf Verträgen basiert. Ohne verlässliches Rechtssystem hat das bürgerliche Wirtschaftssystem keine Grundlage.
- Die Verweigerung seines Rechts interpretiert Kohlhaas als Verstoßung aus der Gemeinschaft und fühlt sich damit zum Kampf gegen die Gemeinschaft legitimiert.
- In der Person von Kohlhaas verkörpert sich die Rechtsauffassung der Aufklärung.

3. Luthers Rechtsauffassung

- Luther vertritt die Auffassung des Absolutismus.
- Dem Einzelnen gesteht er nicht das Recht zu, über den von Gott eingesetzten Herrscher zu urteilen.
- Er vertritt außerdem die Position, dass der Kurfürst gar nicht über den Rechtsfall informiert sei. Wenn dies der Fall gewesen sei, habe er Kohlhaas sicher zu seinem Recht verholfen.
- Auch interpretiert er den Fall als einen Konflikt von Kohlhaas mit der Obrigkeit. Kohlhaas könne daraus nicht das Recht ableiten, einen Krieg gegen die ganze Gemeinschaft zu führen.

4. Das Verhältnis von Recht und Gewalt

- Die Nichteinhaltung von Recht muss in einem funktionierenden Rechtssystem Sanktionen nach sich ziehen.
- In letzter Instanz kann Gewalt das Mittel solcher Sanktionen sein.
- Bei Bedrohung der eigenen Sicherheit kann auch Notwehr durch Gewalt ein legales Mittel sein.

5. Das Verhältnis von Gesetz und Moral

- Kohlhaas leitet aus der Rechtsverletzung durch den Adel nicht nur das Recht, sondern sogar die moralische Verpflichtung ab, gegen diese Missstände zu kämpfen.
- Mit dem Konzept vom mündigen Individuum bezieht sich die Aufklärung auf die Idee vom Naturrecht.
- Kohlhaas versteht die Rechtsverletzung gegen sich als Demütigung seiner souveränen Persönlichkeit.
- Die Pflicht des Bürgers für die Vertragsgemeinschaft ist es, für Recht und Gesetz zu kämpfen.
- Daraus leitet sich auch das Recht auf Revolte und Umsturz gegen eine ungerechte Obrigkeit ab.
- Kohlhaas erkennt aber sehr wohl seine moralische und legale Rechtsverletzung durch den Bürgerkrieg. Daher ist er am Ende bereit, mit seinem Tod für begangenes Unrecht Sühne zu leisten.

V Leitmotive: Rappen, Amulett

Aufgabenstellung:

Stellen Sie die Bedeutung der beiden Leitmotive ‚Rappen' und ‚Amulett' in „Michael Kohlhaas" dar.

Lösung:

1. Definition Leitmotiv

Ein Leitmotiv ist ein immer wiederkehrendes, sinnkonstituierendes Symbol oder eine Wortfolge mit gliedernder und verbindender Wirkung. Es dient zur Akzentuierung und Verdichtung des Geschehens.

2. Das Leitmotiv Rappen

- Die Rappen sind der Anlass und der Gegenstand des Rechtsstreits.
- Auf der symbolischen Ebene spiegeln sie das innere und moralische Befinden von Michael Kohlhaas und sein gesellschaftliches Ansehen.

Zu Beginn der Handlung
- Die Pferde werden alle wegen ihres guten Zustandes gelobt.
- Kohlhaas ist hier noch der souveräne und selbstbewusste Händler auf der Höhe seiner geschäftlichen Laufbahn.

Nach dem Einsatz auf dem Feld
- Kohlhaas ist wegen der Pferde vom Junker betrogen worden.
- Durch die Feldarbeit sind die Tiere in einem erbärmlichen Zustand.
- Sie zeigen damit das Verhalten eines willkürlichen Feudalherren gegenüber einem Bürger.
- Durch diesen Rechtsbruch sieht Kohlhaas sich in seiner Würde und seinem Selbstverständnis als souveräner Bürger verletzt.
- Diesem inneren Zustand von Kohlhaas entspricht auch das Bild der Rappen.

Auf dem Marktplatz in Dresden
- Durch seinen Feldzug gegen den Junker hat Kohlhaas sich selbst ins Unrecht gesetzt.
- Damit ist seine moralische Integrität zerstört worden.
- Auch ist sein innerer Widerstand gegen die Dresdner Obrigkeit ins Wanken geraten.
- Das Volk empfindet keine Solidarität für Kohlhaas, sondern empört sich über ihn.
- Die beiden Rappen sind gleich ihm auf dem Tiefpunkt angekommen: Sie sind in einem bedauernswerten körperlichen Zustand. Und als Tiere eines Abdeckers besitzen sie nicht einmal mehr den Status der Ehrlichkeit.

Bei der Hinrichtung

- Kohlhaas ist in seiner Klage gegen den Junker Recht zugesprochen worden.
- Wegen seiner eigenen Rechtsverletzungen ist er zum Tode verurteilt worden.
- Dieses Todesurteil nimmt er als Sühne für sein begangenes Unrecht hin.
- Damit erlangt Kohlhaas wieder seine vormalige moralische Größe.
- Zugleich kann er sich an dem sächsischen Kurfürsten mit Hilfe des Amuletts rächen.
- Dass die Rappen in dieser Szene wieder glänzend und gesund auftauchen, ist einerseits Teil des Urteils gegen den Junker. Auf der symbolischen Ebene zeigt sich darin Kohlhaasens moralische Rehabilitation.

3. Das Leitmotiv Amulett

- Das Amulett taucht erst auf, als die Rappen im zweiten Teil der Erzählung aus dem Blick geraten. Das Amulett bestimmt die Spannungskurve im zweiten Teil.
- Bekommen hat Kohlhaas das Amulett bereits am Tag nach der Beerdigung seiner Frau, also unmittelbar vor seinem Feldzug gegen den Junker. In den Blickpunkt der Aufmerksamkeit gerät das Amulett erst, als er bereits zum Tode verurteilt worden ist und nur durch Intervention seines Landesherren noch am Leben ist.
- Das Amulett ist also verknüpft mit einem Wendepunkt in der Handlung.
- Der Inhalt ist ein Zettel, den Kohlhaas von einer Zigeunerin erhalten hat. Auf diesem Zettel hat sie die Zukunft der sächsischen Dynastie vermerkt.
- Während die Rappen mit der Sphäre der geschäftlichen Tätigkeiten und dem gesellschaftlichen Ansehen Kohlhaasens verknüpft sind, ist das Amulett mit der Sphäre des Übernatürlichen, der Wahrsagerei und dem Aberglauben verbunden. Für den Kurfürsten symbolisiert es aber auch Macht und Machtverlust.
- Als das Amulett ins Zentrum der Aufmerksamkeit rückt, ist Kohlhaas an einem Tiefpunkt angekommen. Aber durch das Amulett gewinnt er nun eine ungeheure Macht über den sächsischen Kurfürsten.
- Indem die Zigeunerin bei ihrem Besuch im Gefängnis mit Kohlhaasens toter Frau Elisabeth assoziiert wird, kommt aufopfernde Liebe als weitere Bedeutungsdimension hinzu.
- Am Ende benutzt Kohlhaas das Amulett als Machtmittel, um dem Kurfürsten seine Ohnmacht zu demonstrieren und ihm persönlich wehzutun.
- Die Ohnmacht des Kurfürsten wird wiederholt sinnfällig, da er im Zusammenhang mit dem Amulett immer wieder in Ohnmacht fällt.

4. Erzähltechnische Funktion

- Das Dingsymbol wird immer wieder als Kennzeichen einer Novelle genannt. Die Rappen können durchaus als solches Dingsymbol angesehen werden.
- Diese Leitmotive/Symbole sind in „Michael Kohlhaas" wichtig für die Gestaltung der Handlungsrichtung und der Spannungskurve. Ein erster Wendepunkt im Geschehen ist die Abdeckerszene; ab da beginnt der Untergang Kohlhaasens. Als er schon zum Tode verurteilt ist, taucht das Amulett auf und gibt ihm Macht gegenüber dem Kurfürsten in die Hand.

VI Die Zigeunerin und das Amulett

Aufgabenstellung:

Erläutern Sie die Bedeutung von Zigeunerin und Amulett für den Fortgang der Handlung und im Hinblick auf die Erzähltechnik in Kleists „Michael Kohlhaas".

Lösung:

1. Die realistische Bedeutung

- Die Zigeunerin bildet ein Element des Zeitkolorits. Aberglaube und Wahrsagerei kamen im 16. Jahrhundert in der Bevölkerung verbreitet vor.
- In Kleists Quellen finden sich bereits Hinweise auf die Verbindung zur Magie.
- Auch die beiden Kurfürsten lassen sich von den Prophezeiungen der Zigeunerin beeindrucken.

2. Die erzähltechnische Bedeutung

- Die Begegnung mit der Zigeunerin hat Kohlhaas bereits am Tag nach dem Tod seiner Frau. Allerdings rückt dies erst später ins Zentrum der Aufmerksamkeit und wird erzählerisch nachgeholt.
- Bei dieser Gelegenheit sind sich Kohlhaas und die beiden Kurfürsten, die später sein Schicksal bestimmen werden, bereits begegnet. Erzähltechnisch wird also eine Verknüpfung geschaffen, die erst später in der Handlung wichtig wird.
- Als das Schicksal von Kohlhaas sich gewendet hat, wird das Amulett für ihn bedeutsam. Dadurch gewinnt er über seinen Kontrahenten eine vorher nicht geahnte Macht. Die Handlungsrichtung kehrt sich somit um.
- Dafür ist der Inhalt des Zettels von Belang und damit auch die wahrsagerische Fähigkeit der Zigeunerin.
- Die Szene, in der Kohlhaas später dem Kurfürsten vom Erwerb und der Bedeutung des Amuletts erzählt, ist sehr ausführlich gestaltet. Sie erfüllt die Funktion einer zweiten Exposition.

3. Die symbolische Bedeutung

- Kohlhaas gewinnt mit den Informationen des Zettels Macht über den Fürsten. Die Zigeunerin hat ihm dies bereits prophezeit, als sie ihm den Zettel gegeben hat.
- Als Information hat die Zigeunerin darin den Namen des letzten Regenten aus dem Haus des Fürsten, die Jahreszahl, da er sein Reich verlieren wird, und den Namen dessen, der es durch Gewalt erringen wird, notiert. Im Absolutismus, in dem die Fürsten danach strebten, ihre Macht an ihre Nachkommen zu vererben, sind diese Informationen für den Fürsten wesentlich.
- Indem der Fürst sich so um den Erwerb dieses Zettels bemüht, disqualifiziert er sich selbst als souveräner Herrscher. Darin liegt eine kritische Bedeutung des Amuletts.

- Mit dem Amulett tritt aber auch eine übernatürliche Dimension in den Text ein. Zum Zeitpunkt, da Kohlhaas den schmerzlichsten Verlust erlitten hat, seine Frau, erhält er ein Mittel, das ihm später große Macht über seinen Feind verleihen wird. Insofern gewinnt das Amulett die Bedeutung einer höheren Gerechtigkeit.
- Da der Kampf um sein Recht Kohlhaas die treu sich opfernde Gattin gekostet hat, ist die natürliche familiäre Ordnung durch die Willkür der Junker und des Hofes zerstört worden. Der Gewinn des Amuletts wirkt daher wie das Zurechtrücken einer göttlichen Ordnung.
- Die Zigeunerin wird auch später mit Kohlhaasens Frau assoziiert. Bei ihrem Besuch im Gefängnis wird auf ihrer beider Ähnlichkeit hingewiesen und ihr Brief, den sie Kohlhaas gibt, ist mit dem Namen Elisabeth unterzeichnet. Die Zigeunerin wirkt daher als eine Botin der höheren Gerechtigkeit.

4. Bewertung

- Kleist sieht eine enge Verbindung des Realen und des Irrealen.
- Viele seiner Texte sind durch Rätselhaftigkeit gekennzeichnet, auch irreale Elemente kommen vor.
- In der Rezeption von „Michael Kohlhaas" ist das Element des Übernatürlichen in Person der Zigeunerin sehr kontrovers beurteilt worden.

VII Der Kampf ums Recht

Aufgabenstellung:

Kohlhaas kämpft mit dem Einsatz der letzten Mittel für sein Recht.

1. Erläutern Sie Kohlhaasens Kampf für sein Recht.
2. Ziehen Sie einen Vergleich mit einer anderen literarischen Figur, die ebenfalls für ihr Recht kämpft.

Lösung:

1. Die Rechtsverletzung

1.1 Die Rechtsverletzung durch den Junker

- Der Junker betrügt Kohlhaas durch die Lüge vom Passierschein.
- Das Eigentum Kohlhaasens wird missbraucht und zugrunde gerichtet.

1.2 Die Rechtsverletzung durch den Hof

- Kohlhaas reicht Klage bei Gericht ein.
- Kohlhaas scheitert in allen Instanzen aus illegalen Gründen.

2. Kohlhaasens Feldzug

2.1 Kohlhaasens Interpretation der Rechtsverletzung

- Durch die Rechtsverletzung und -verweigerung fühlt Kohlhaas sich in seiner Menschenwürde verletzt.
- In der Rechtsbeugung durch den Hof sieht er einen Bruch des Vertrages zwischen Obrigkeit und Bürgern. Er fühlt sich daher von seinen staatsbürgerlichen Pflichten entbunden und aus der Staatsgemeinschaft verstoßen.
- Er fühlt die moralische Verpflichtung, gegen die Missstände vorzugehen.

2.2 Kohlhaasens Mittel

- Kohlhaas verfolgt den Junker mit Waffengewalt.
- Indem Kohlhaas regen Zulauf hat, weitet sich dieser Feldzug gegen den Junker zu einem Bürgerkrieg aus.
- Kohlhaas gebärdet sich dabei zunehmend wie ein Fürst und Heerführer.
- Da er dabei auch Unschuldige in Mitleidenschaft zieht und den Landfrieden bricht, macht er sich vor dem Reichsgesetz schuldig.

2.3 Luthers Intervention

- Luther gelingt es, Kohlhaas zur Vernunft zu rufen und für ihn freies Geleit zu erwirken.
- Kohlhaas legt die Waffen nieder und versucht erneut, sich vor Gericht Recht zu verschaffen. In seiner verzweifelten Lage begeht er jedoch mit dem Brief an Nagelschmidt einen entscheidenden Fehler.
- Die Gegenseite nutzt dies aus. Die Amnestie an Kohlhaas wird gebrochen und er wird eilig zum Tod verurteilt.

2.4 Kohlhaasens Sühne

- Kohlhaas fordert nie mehr als den Ersatz des ihm ursprünglich zugefügten Schadens.
- Auf die Klage des Kaisers hin ist er bereit, für das von ihm verübte Unrecht zu büßen.
- Ihm wird im Rechtsstreit gegen den Junker Recht gegeben, aber wegen des Landfriedensbruches wird er hingerichtet

3. Vergleich mit anderen literarischen Figuren

Für einen Vergleich mit Michael Kohlhaas kommen zum Beispiel aus dem Werk von Friedrich Schiller zwei Selbsthelfer in Frage: Wilhelm Tell, die Hauptfigur des gleichnamigen Dramas, und Karl Moor aus dem Drama „Die Räuber".

3.1 Wilhelm Tell

- Die Schweizer Kantone leiden unter der Gewaltherrschaft der Österreicher. Sie beschließen den Aufstand gegen die Besatzungsmacht.
- Wilhelm Tell schließt sich dieser Bewegung nicht an, er bleibt ein Einzelgänger.
- Als der Vogt ihn jedoch zwingt, in der Schießprobe auf den eigenen Sohn zu zielen, empfindet er dies als die Verletzung der von Gott gegebenen Ordnung.
- Trotz der Zusicherung der Freiheit wird Tell gefangen genommen. Er vermag aber sich zu befreien.
- Er tritt Gessler persönlich gegenüber und erschießt ihn mit der Armbrust. Diesen Mord legitimiert er als Verteidigungshandlung, da er durch Gesslers Willkür aus dem selbstbestimmten Leben im Einklang mit der Natur herausgerissen wurde.
- Ausgelöst durch den Mord an Gessler unternehmen die Eidgenossen einen Aufstand und bringen ihn erfolgreich zu Ende. Tells Privatsache greift mit der öffentlichen Sache zusammen, sie wird Teil des solidarischen Handelns.
- Seinen Tyrannenmord interpretiert er als Schutz der natürlichen Rechte. Den Kaiser- und Vatermord von Parricida verurteilt er nachdrücklich als Tat aus Ehrsucht.
- Wilhelm Tell hat sich nie zum Anführer einer Bewegung gemacht. Er bleibt Einzelgänger und seine Tat bleibt die Tat eines Einzelnen, wenn er für die anderen damit auch zum Nationalhelden wird.

3.2 Karl Moor

- Karl Moor wird durch den Betrug seines Bruders Franz bei seinem Vater in Verruf gebracht und angeblich von diesem verstoßen.
- Wegen dieser Verletzung der naturgegebenen Ordnung stellt Karl sich an die Spitze einer Räuberbande. Als solcher tritt er in den böhmischen Wäldern als Rächer und Retter der Unterdrückten auf. Er verleiht damit seiner Privatfehde eine allgemeinere Bedeutung und versteht sich als Vollstrecker einer höheren sittlichen Ordnung.
- Da er sich in seinem Kampf für höhere Ziele mit gemeinen Räubern und Mördern verbünden muss und auch Unschuldige vernichtet, macht er sich auch im moralischen Sinne schuldig. Karl verlässt die Räuberbande, um nochmals das väterliche Schloss und seine Braut Amalia aufzusuchen.
- Dort hat Franz den Vater vermeintlich in den Tod getrieben. Nur Amalia hat sich seinen Werbungen widersetzt. Franz erdrosselt sich selbst. Der Vater wird noch lebend im Hungerturm entdeckt. Wegen seines Treueeids gegenüber den Räubern muss Karl die eigene Braut töten. Karl opfert sich am Ende selbst, indem er sich den Behörden, die ein Kopfgeld auf ihn ausgesetzt haben, ausliefern lässt.

Parallelen zwischen Karl Moor und Michael Kohlhaas:

- Beide erleben eine betrügerische Rechtsverletzung und fühlen sich von einer schützenden väterlichen Autorität verlassen.
- Beide erheben ihre Privatfehde zu einem Kampf für die allgemeine sittliche Ordnung und machen sich durch die Opferung Unschuldiger selbst schuldig.
- Beide sind nach Einsicht in ihre eigene Verfehlung zur Sühne bereit.

Im genaueren Vergleich sind die Parallelen zwischen Karl Moor und Michael Kohlhaas enger als die zu Wilhelm Tell.

VIII Erörterung: Recht zum Widerstand aus heutiger Perspektive

Aufgabenstellung:

Erörtern Sie, ausgehend von Heinrich von Kleists „Michael Kohlhaas", ob und inwiefern auch heute das Recht oder die Pflicht zum Widerstand gegen den Staat gegeben sein kann.

Lösung:

Leitfragen zur Themenerschließung

- Von welchen Staaten ist die Rede?
- Bei welchen Rechtsverletzungen des Staates ist Widerstand vorstellbar?
- Wer hat das Recht zum Widerstand?
- Welche Maßnahmen wären vorstellbar?
- Wo liegen die Grenzen eines solchen Widerstandes?
- Welches sind Kriterien für eine Unterscheidung zwischen Widerstand auf der einen und Terrorismus und Kriminalität auf der anderen Seite?
- Welche Beispiele aus der jüngeren Geschichte lassen sich anführen?

Der folgende Vorschlag ist im Sinne einer groben Stoffsammlung zu verstehen. Bei der Ausführung müssten konkrete Beispiele eingearbeitet werden. Auch ist die Reihenfolge der Gliederungspunkte nach gewählter Strategie zu disponieren.

1. Fallunterscheidung

Es ist grundsätzlich zu unterscheiden zwischen einem Rechtsstaat und einem Staat, der seinen Bürgern nicht die menschlichen und die demokratischen Grundrechte gewährt. Die Situation in einem Staat, der sich selbst der Menschenrechtsverletzung schuldig macht, ist grundsätzlich unter anderen Vorzeichen zu betrachten.

2. Rechtsverletzungen des Staates

Als Grund und Anlass für einen bürgerlichen Widerstand kommen folgende Punkte in Frage:
- Vernachlässigung der hoheitlichen Aufgaben durch den Staat
- Verstöße gegen die verfassungsmäßigen Aufgaben
- Verstöße gegen die Menschenrechte
- Durchsetzung der Interessen von Minderheiten gegen das Allgemeinwohl

3. Widerstandsberechtigte Personen

- Grundsätzlich ist jeder einzelne Bürger unter den vorgenannten Voraussetzungen zum Widerstand berechtigt, aber Wirkung zeigt dies erst bei Maßnahmen größerer Gruppen von Menschen.
- Solches können beispielsweise sein: gemeinnützige Organisationen, Interessengruppen, Bürgerinitiativen und -vereinigungen.

4. Maßnahmen des Widerstandes

- Rechtliche Schritte, Prozesse
- Protestaktionen, Unterschriftensammlungen, Öffentlichkeitsarbeit
- Demonstrationen
- Streiks
- Verweigerung von Steuerzahlungen oder Dienstleistungen an den Staat

5. Grenzen des Widerstands

- Die Beurteilung der Grenzen von Widerstandsmaßnahmen hängt vom Anlass und vom Rahmen ab. Gegen einen totalitären Staat sehen diese Maßnahmen sicher anders aus als innerhalb eines demokratischen Staates.
- Gewaltverzicht sollte Grundvoraussetzung sein, jedoch ist zu fragen, ob dies vollkommen möglich ist.
- Der Bruch von Gesetzen, die auf der Basis der Menschenrechte stehen, sollte absolutes Tabu sein.
- Unbeteiligte sollten nie in Mitleidenschaft gezogen werden.

6. Grenzen zwischen Widerstand und Terrorismus

- Terrorismus hat vor allem das Kennzeichen, dass Unbeteiligte und Unschuldige durch Maßnahmen der Gewalt in Mitleidenschaft gezogen werden.
- Bleibt ein Regime bestehen, so werden die Widerstandskämpfer als Staatsfeinde oder Terroristen bekämpft. Setzt sich jedoch der Widerstand gegen einen ungerechten Staat auf einer breiteren Basis durch und führt zum Umsturz, werden die vorher als kriminell Verfolgten zu Helden der neuen Ordnung.

7. Beispiele aus der Geschichte und Gegenwart

- Die Weiße Rose: Eine Vereinigung von Studenten verurteilte in Plakaten und Flugblättern das Regime des Nationalsozialismus. Durch ihre Aufklärungsarbeit forderten sie die deutsche Bevölkerung zum Widerstand gegen die Nationalsozialisten auf. Sie wurden gefasst und hingerichtet.
- Die Montagsdemonstrationen in Leipzig: In immer größer werdenden Kundgebungen demonstrierten Bürger der ehemaligen DDR gegen die Missstände im Staat. Wegen dieses anwachsenden inneren und äußeren Drucks gab das Regime auf und damit wurde der Zusammenschluss der beiden deutschen Staaten möglich. Die Gewaltfreiheit dieses Umsturzes ist beispiellos.

- Bürgerinitiativen, die sich gegen die Zerstörung der Lebenswelt einsetzen: Greenpeace ist wohl die Organisation aus diesem Bereich, die sich durch spektakuläre Aktionen ins Bewusstsein der Öffentlichkeit schiebt. Greenpeace versteht sich dabei als Anwalt des Rechtes auf ein gesundes Leben und macht mit seinen Aktionen auf Beeinträchtigungen eines gesunden Lebens jetziger und künftiger Generationen aufmerksam. Dabei geraten die Aktivisten häufig in Konflikt mit den Gesetzen.